Happy chinese

4 가이드북

최고를 향해 한 발 한 발 나아가는 절대 커리큘럼

중국어 교실

한민이 지음

넥서스 CHINESE

Happy Chinese 4

중국어
교실

PART 01

快到春节了。

금방 설이 다가와요.

학습목표
어떤 일이나 상황이 가까운 장래에 일어날 것임을 나타내는 임박태 '要…了', '快要…了', '就要…了', '将要…了' 의 문장에 대해 공부합니다.

기본회화 12 page

01

A : 快走吧，要下雨了。　빨리 가자. 비 오겠어.

B : 没关系，我带伞了。　괜찮아. 우산 가져왔어.

▷ 중국에서는 '양산'이란 말을 따로 쓰지 않고 양산과 우산을 모두 '伞'이라고 합니다.

▷ '带'는 '물건을 휴대할 때', '사람을 데리고 갈 때' 모두 쓸 수 있습니다.

02

A : 飞机什么时候起飞？　비행기 언제 이륙하는데요?

B : 二十分钟以后飞机就要起飞了。　20분 후에 바로 이륙합니다.

▷ '就要…了'는 주관적으로 느끼기에 어떤 일이 아주 빠른 시간 안에 발생할 것임을 나타냅니다.

03

A : 快到春节了，你回家吗？　곧 설이 되는데, 집에 가요?

B : 今年我就不回去了。　올해엔 안 돌아가요.

04

A : 你快要毕业了吧，工作找到了吗？　곧 졸업인데, 직장은 구했니?

B : 我已经找到工作了。　직장은 이미 구했어요.

▷ '到'는 결과보어로, 이미 어떤 일을 해냈음을 나타냅니다.

3

妈妈	小英，快到春节了，什么时候回来？
	소영아, 곧 설인데, 언제 올 거니?
金小英	妈，我今年不能回去了。 엄마 올해엔 못 갈 거예요.
妈妈	怎么了，去年也没回家，你爸在等你呢。
	왜, 작년에도 안 왔으면서. 아빠가 기다리셔.
金小英	我知道，可是公司的事情太多了，我也没办法。
	알아요. 하지만 회사 일이 너무 많아서요. 저도 어쩔 수 없어요.
妈妈	你这个工作狂，你知道你今年多大了吧？
	너 이 일벌레, 너 올해 몇 살인지 알지?

▷ '你' 와 '这个工作狂' 는 동격입니다.

▷ '购物狂' 은 '쇼핑 중독' 을 말합니다. 인기 연예인을 좋아할 때는 '歌迷', '影迷' 등으로 표현합니다.

金小英	妈，你又来了？ 엄마, 또 시작이세요?

▷ 어머님들이 "누구네 집 누구는…"하고 잔소리하거나, 아내들이 "어느 집 남편은…" 하고, 바가지를 긁으려 할 때는 "你又来了?"라고 합니다.

妈妈	咳，人家小李呢，下星期就要生第三胎了，你看你！
	아이구, 이가네 딸은 다음 주에 벌써 셋째를 낳는다더라. 너는…!

▷ '咳' 는 여기서 약간 상심한 기분을 나타냅니다. '人家' 는 '남, 제3자, 자기 자신' 을 말할 때 씁니다.

金小英	好了，好了，妈，我得去工作了。
	알았어요. 알았어요. 엄마, 저 일해야 해요.

▷ '好了' 에는 '알았으니까 그만하세요' 의 의미가 들어가 있습니다.

妈妈	知道了，你去工作吧。 알았다. 가서 일 봐.
金小英	妈，您多保重！ 엄마! 건강하세요.

4

1 임박태

▷ 어떤 상황이 곧 변화하려고 하거나, 새로운 상황이 곧 발생하려고 할 때 쓰는 표현입니다. '곧 ~하려고 하다', '곧 ~할 것이다' 라고 해석합니다.

① 要…了

· 要下雨了。 비 오겠어.

· 要上课了。 수업이 곧 시작돼요.

· 小王要出国了。 Mr.왕은 출국하려고 해요.

· 飞机要起飞了。 비행기가 이륙하려고 해요.

② 快(要)…了

▷ 객관적으로 봤을 때 어떤 상황이나 동작이 아주 빠른 시간 안에 발생하는 것을 의미를 나타냅니다.

· 快九点了。 곧 9시가 돼요.

· 衣服快干了。 옷이 곧 마를 거야.

· 他毕业快三年了。 그 사람 졸업한 지 3년 다 되어 가.

· 天快要黑了。 날이 곧 어두워져요.

· 那时候，你快要结婚了。 그때 넌 결혼을 앞두고 있었지.

· 足球赛快要开始了。 축구 시합이 곧 시작될 거야.

· 快到周末了。 주말이 다가와요.

· 快到春节了。 금방 설이 다가오는데요.

③ 就要…了

▷ 이 형식 앞에는 시간 명사로 된 부사어를 동반합니다. 문장 끝에 반드시 '了' 가 옵니다.

주관적으로 느끼기에 일의 발생이나 출현이 아주 빠른 시간 안에 이루어진 것 같지만, 실제로는

일이 발생하는데 걸린 시간이 길 수도 있습니다.

· 天就要黑了，咱们抓紧时间干吧。 날이 금방 어두워질 거야. 우리 서둘러서 하자.

· 新的一年就要开始了。 새로운 한 해가 곧 시작될 거야.

· 明天我就要回国了。 내일 난 바로 귀국을 해.

5

· 火车三点钟就要开了。기차는 3시에 출발을 합니다.

④ 将要…了

▷서면어와 구어에 골고루 쓰이고, 문장 끝에 '了'를 안 붙일 수도 있습니다.

· 我们将要胜利了。우리는 승리를 눈앞에 두고 있어요.

· 这次会议将要在上海召开。이번 회의는 상하이에서 개최될 거야.

2 임박태의 의문형과 부정형

· A : 下星期你就要回国了吧？다음 주에 자넨 귀국하지?

· B-1 : 是。| 对。예. | 맞습니다.

· B-2 : 还不知道呢。| 还没定呢。아직 모르겠습니다. | 아직 확정짓지 않았습니다.

▷ tip-과거의 사실에 임박태를 쓸 때는, 임박태의 형식에 '了'를 쓰지 않습니다.

· 去年他要来北京的时候，我正在上海。

작년에 그가 베이징에 오려고 했을 때, 나는 상하이에 있었다.

3 人家

· 这件事是人家告诉我的。이 일은 다른 사람이 알려준 거야. (제3자. 다른 사람)

· 这是小英的信，快给人家吧。(명확한 대상을 가리킴)

이거 소영이 편지거든, 빨리 걔한테 줘라.

· 人家等了半天了，你怎么才来？(자기 자신)

남은 한참이나 기다렸는데, 너 왜 이제야 나타나?

HSK 听力

16 page

1 정답 B A : 飞机什么时候起飞？비행기는 언제 이륙합니까?

  B : 飞机两点钟就要起飞了。비행기는 두 시에 곧 이륙합니다.

  问: 飞机几点起飞？비행기는 몇 시에 이륙합니까?

2 정답 D A : 这次会议将要在日本东京召开吧？

  이번 회의는 일본 도쿄에서 개최 하시요?

B：不，在中国北京召开。 아니요. 중국 베이징에서 개최합니다.

问：这次会议在哪儿召开？ 이번 회의는 어디에서 개최합니까?

3 정답 A　A：(男) 你不是说后天回国吗？ 너 모레 귀국한다고 하지 않았어?

　　　B：(女) 不，明天三月七日我就要回国了。

　　　　　　 아니. 내일 3월 7일 귀국해.

问：女的什么时候回国？ 여자는 언제 귀국합니까?

4 정답 C　A：(男) 你弟弟快要大学毕业了吧？

　　　　　 네 남동생 곧 대학교 졸업을 하지?

　　　B：(女) 我弟弟快要大学毕业了。내 남동생은 곧 대학교를 졸업해.

问：女的弟弟快要大学毕业了吗？

여자의 남동생은 곧 대학교를 졸업합니까?

HSK 口语
17 page

1　A：下星期你就要回国了吧？ 너 다음 주에 귀국하지?

　　B：还不知道呢。 아직 모르겠어.

2　A：你快要毕业了吧？ 너 곧 졸업이지?

　　B：二月二十号我就要毕业了。 2월 20일 졸업합니다.

3　A：飞机什么时候起飞？ 비행기는 언제 이륙하니?

　　B：半个小时(三十分钟)以后飞机就要起飞了。

　　　 30분 후에 바로 이륙합니다.

4　A：要下雨了，快走吧。 비 오겠어. 빨리 가자.

　　B：哈哈，我带伞了。 하하. 난 우산 있어.

HSK 语法
18 page

1 정답 C：火车五点钟就要开了。 기차는 5시에 출발합니다.

2 정답 B：我带了两只伞。 나는 우산 두 개를 가지고 있습니다.

3 정답 B : 这次会议将要在上海召开。이번 회의는 상하이에서 개최됩니다.

4 정답 C : 今年我不能回去了。나는 올해 못 갑니다.

5 你认识你今年多大了吧? 너 올해 몇 살인지 알아?

▷ 认识 ➡ 知道 – '认识'는 '사람이나 글자 등을 알다' 에 쓰인다.

6 我去得工作了。나는 일하러 가야 한다.

▷ 得 ➡ 去 – '得'를 '去' 앞에 놓는다.

7 人家等了半天了, 你怎么就来? 한참 기다렸는데, 너 왜 이제야 오니?

▷ 就 ➡ 才 – 시간이 늦었다는 느낌을 나타낼 때는 '才'를 씁니다.

8 夏天要到了嘛。곧 여름이 와요.

▷ 要 ➡ 快要 – '快要…了'임박태 용법

HSK 写作

19 page

1 他还没找到工作。

2 新的一年就要开始了。

3 没关系, 我带伞了。

4 去年他要来北京的时候, 我正在上海。 ▷ 과거 사실 임박태

5 篮球比赛要开始了。

6 李娜就要来了吗?

7 秋天要来了。

8 明天我就要回国了。

PART 02

我们来看看你。

당신을 보러 왔어요.

학습목표
1 동사 중첩과 형용사 중첩에 대해 공부합니다.
2 '有点儿'과 '一点儿'에 대해 비교 분석해 봅니다.

기본회화   22 page

A : 你看看他怎么样？   얘, 좀 봐라, 저 사람 어때?

▷ '看看 kànkan' 처럼 동사를 중첩하면 '시도해 보다' 란 뜻이 됩니다.

B : 哇! 帅呆了!   와우! 멋진걸!

▷ '帅呆了!' 는 '酷毙了' 라고 바꿔 쓸 수 있습니다.

A : 那个鼻子高高的人是谁？   저기 코 뾰족한 사람 누구야?

▷ '高高' 처럼 형용사를 중첩하면 뜻이 더 강조됩니다.

B : 谁? 啊! 是我表哥。   누구? 아! 우리 사촌 오빠야.

▷ 여기서 '是' 는 "우리 사촌 오빠야" 라는 말을 더 강조해 줍니다.

A : 今天冷不冷？   오늘 추위?

B : 今天有点儿冷。 오늘 조금 추위.

▷ '有点儿' 은 부사입니다. 형용사 술어 앞에 쓰여 약간 '불만' 의 뉘앙스를 나타냅니다.

A : 先生，您想吃点儿什么？ 손님, 뭘 좀 드시겠습니까?

▷ '先生' 은 일반적인 '남성' 을 지칭할 때 씁니다. 학교 선생님은 반드시 '老师' 라고 합니다.

▷ '你想吃点儿什么?' 은 식당에서 자주 쓰는 말입니다.

B : 我想吃点儿面条。 국수 먹을게요.

▷ 面包 miànbāo 빵 | 粥 zhōu 죽

9

金小英	哟！你们怎么来了？ 엥! 어떻게들 오셨어요?
李珉	听说你病了，我们来看看你。 병났다길래. 보러 왔죠.

▷ 韩老师说 한 선생님 말씀을 듣자 하니 ｜他说 그 사람 말을 듣자 하니

　주의!! 我说(X) ｜ 你说(X) -이렇게는 쓸 수 없습니다.

金小英	你们来这儿坐坐，家里挺乱的。 이쪽으로 와서 앉아요. 집이 엉망이에요.

▷ '挺'(대단히)은 보통 '挺……的'의 형식으로 씁니다.

王明	小金，怎么样了？今天好点儿了吗？

　Miss 김, 어때요? 오늘 좀 나아졌어요?

▷ '好点儿了'는 '好(좋다)+点儿(조금)+了(상황의 변화)'의 형태로 이루어진 것입니다.

金小英	下午还觉得有点儿不舒服，刚才一看你们就不疼了。

　오후까지도 조금 힘들더니, 방금 두 사람 보니까 하나도 안 아프네.

▷ '刚才'는 방금이라는 시간 명사입니다. / ' 一 … 就…'는 ' ~하자마자 ~하다'의 뜻입니다.

李珉	哈哈。还行，你还能开玩笑嘛。 하하. 살 만하네. 농담도 하고.
金小英	你们喝点儿茶吧。我来泡一泡。 차 좀 들어요. 제가 타 드릴게요.

▷ '点儿'은 '茶'를 꾸며 주고 있습니다. (약간의 차)

　'来'는 주동적으로 어떤 행동을 하겠다는 것을 나타냅니다.

王明	不用了。我们马上就回公司。你好好儿休息休息吧。

　됐어요. 우리 금방 회사로 가야 해요. 푹 쉬어요.

金小英	谢谢,哥儿们! 고마워요. 친구들!

▷ '哥儿们'은 아주 친한 친구들 사이에 씁니다. (보통 남자들 사이에서 씁니다)

1 형용사 중첩

▷ 형용사를 중첩하게 되면 말이 생동감 있게 되고, 뜻이 강조됩니다.

〔단음절 형용사의 중첩〕▷ 단음절 형용사의 중첩은 부사어와 관형어, 술어로 쓰입니다.

· 你好好儿(地)学习吧。 너 열심히 공부해라. ▷ 부사어에는 '地'는 써도 되고 안 써도
됩니다

· 圆圆的月亮 둥근 달 ▷ 관형어에는 '的'를 붙여 줍니다.

· 他的眼睛大大的。 그 사람의 눈은 큽니다. ▷ 술어에는 '的'를 붙여줍니다.

〔이음절 형용사의 중첩〕▷ 이음절 형용사의 중첩형은 관형어와 부사어, 술어로 쓰입니다.

· 她把房间打扫得干干净净。 그녀는 아주 깨끗하게 방 청소를 했습니다.

▷ 부사어에는 반드시 '地'를 써 줍니다.

· 整整齐齐的书架上放着很多书。 가지런한 책꽂이에 책이 많이 꽂혀있네요.

▷ 관형어에는 반드시 '的'를 붙여 줍니다.

[tip] 이음절 형용사가 부사어로 쓰일 때, 앞에 이미 다른 부사어가 나와 있으면 반드시 '地'를 써 줍니다

· 他非常认真地工作。 그 사람은 대단히 열심히 일을 합니다.

2 동사 중첩

▷ 동사를 중첩하게 되면 '동작이 일어나는 시간이 짧다', '한 번 시도해 보다', '동작이 가볍다' 라는 의미를 갖게 됩니다.

〔단음절 동사의 중첩〕 ▷ 동작이 짧은 시간 안에 일어나고, 가벼운 느낌이 납니다.

· 你看看这是什么? 좀이게 뭔지 좀 봐라.

· 我想了想，可还是不知道。 생각을 좀 해 봤는데, 그래도 모르겠어.

〔이음절 동사의 중첩〕

▷ 이음절 동사의 중첩형은 회화에서 많이 쓰며, 동작이 빠른 시간 안에 일어나고, 가벼운 뉘앙스를 띱니다.

· 我得跟老总商量商量。 저는 사장님과 상의를 좀 해 봐야 합니다.

3 一点儿 /有(一)点儿

一点儿

▷ 수량이 아주 적음을 나타내며, 형용사 뒤에서 수량 보어로 쓰이거나, 명사 앞에서 관형어로 쓰입니다. '一'는
생략할 수 있습니다.

· 我想买(一)点儿苹果。 나는 사과를 조금 사고 싶어요.   ▷ 관형어

有(一)点儿

▷ 동사나 동사구 앞에 쓰여 부사어 역할을 하며, 이때 정도가 가벼움을 나타냅니다.

· 今天我有点儿累。 오늘 제가 좀 피곤하거든요.

HSK 听力

26 page

1 정답 A A : (男) 哎，星期六我们去爬山好吗? 저기, 토요일에 등산 어때?

B : (女) 我得跟我妈商量商量。 엄마랑 상의를 해 봐야 할 것 같아.

问: 女的想跟谁商量商量? 여자는 누구와 상의를 할 생각입니까?

2 정답 B A : 今天天气怎么样，下雨吗? 오늘 날씨 어때? 비 오니?

B : 没有。今天有点儿风。 아니. 조금 바람이 불어.

问: 今天天气怎么样? 오늘 날씨는 어떻습니까?

3 정답 A A : 李娜在家干什么了? 李娜는 집에서 뭐 했니?

B : 李娜在家把房间打扫地干干净净。

李娜는 집에서 방을 깨끗하게 청소했어.

问: 李娜在家干什么了? 李娜는 집에서 뭐 했습니까?

4 정답 C A : 那个眼睛小小的人是谁? 저기 눈이 작은 사람은 누구니?

B : 眼睛小小的人就是东东。 눈이 작은 사람은 바로 东东이야.

问: 眼睛小小的人是谁? 눈이 작은 사람은 누구입니까?

27 page

1 A : 先生，你想喝点儿什么? 손님, 뭘 드시겠습니까?

　B : 我想喝点儿咖啡。 커피를 마시겠습니다.

2 A : 你看看他怎么样? 얘, 좀 봐라. 저 사람 어때?

　B : 哇! 帅呆了! 와우! 멋진걸!

3 A : 今天好点儿了吗? 오늘 좀 나아졌어요?

　B : 我觉得好多了。 좋아졌어요.

4 A : 什么都不喝你就要走了? 아무것도 안 마시고 그냥 가게요?

　B : 我马上就回公司。 저 곧장 회사로 가야 해요.

28 page

1 정답 C : 你想吃点儿什么? 뭘 좀 드시겠습니까?

2 정답 D : 他非常认真地工作。 그 사람은 (매우)대단히 열심히 일을 합니다.

3 정답 B : 大家高高兴兴地回家了。 모두들 즐겁게 집으로 돌아갔습니다.

4 정답 B : 我们来看看你。 우리는 너를 보러 왔다.

5 长长地船，圆圆的月亮。 길 다란 배, 둥근 달

　▷ 地 ➡ 的 – 형용사 중첩이 관형어로 쓰일 때는 '的'를 붙인다.

6 他的眼睛大大。 그 사람의 눈은 큽니다.

　▷ 大大 ➡ 大大的 – 형용사 중첩이 술어로 쓰일 때는 '的'를 붙인다.

7 这个问题你们在研研究究。 이 문제는 자네들이 다시 연구를 좀 해보게.

　▷ 研研究究 ➡ 研究研究 – 이음절 동사의 중첩은 ABAB형이다.

8 我想想了，可还是不知道。 내가 생각을 좀 해봤는데, 그래도 모르겠어.

　▷ 想想了 ➡ 想了想 – 이동사 중첩의 과거형은 중간에 '了'를 넣는다.

29 page

1 你尝一尝，这是我做的。

2 今天有点儿冷。

3 漂漂亮亮的房间里有很多人。

4 他的眼睛大大的。

5 你看看，他很像你。

6 这个问题得研究研究。

7 这件衣服大了一点儿。

8 他非常认真地学习。

你吃过中国菜吗?

중국 음식 먹어 본 적 있어요?

학습목표

1 술어 뒤에 쓰여 '과거에 ~한 적이 있다'의 뜻을 나타내는 조사 '过'에 대해 공부합니다.

2 어떤 동작을 '몇 번 했다'라는 것을 알려주는 동량보어(动量补语) '遍'· '次'· '下'에 대해 알아봅니다.

기본회화 34 page

A : 你去过中国吗? 중국에 가 본 적 있어요?

▷ '过'는 '~한 적이 있다'입니다. 문장에서 '曾经(이전에)+술어+过'로 많이 쓰입니다.

B : 我没去过中国，去过美国。 중국에는 가 본 적 없고요. 미국에 가 본 적 있어요.

▷ '~过'의 부정형은 '没~过'입니다.

A : 你吃过几次中国菜? 중국 음식은 몇 번 드셔 보셨나요?

▷ '次'는 횟수를 나타냅니다.

B : 我吃过三、四次。 서너 번 먹어 봤어요.

▷ '三、四次'는 어림수로 '서너 번'이라고 해석합니다.

A : 你看过<加勒比海盗3>吗? 〈캐러비안해적3〉 본 적 있어요?

B : 我已经看过三遍了。 저 벌써 세 번이나 봤어요.

A : 你见过他没有? 그 사람 만난 적 있어요?

▷ 반복의문문을 만들 때는, '술어+过+没有'라고 씁니다

B : 我从来没见过他。 한 번도 만난 적 없어요.

▷ '한 번도 그런 적이 없다'라고 할 때 '从来没+술어+过'로 씁니다.

同学　李娜，你去过中国吧？ 李娜야, 너 중국에 가 본 적 있지?

▷ 同学 같은학교 친구 ｜ 同屋 룸메이트 ｜ 同事 직장동료

李娜　嗯，去过两次。 응. 두 번 가 봤어.

▷ '두 번 가 봤다' 라고 할 때, '二次' 라고 안 하고 '两次' 라고 합니다.

同学　中国菜怎么样？听说，中国菜很油腻，是吗？

중국 음식 어때? 누가 그러는데, 중국음식 느끼하다며, 그래?

▷ 음식을 너무 먹어서 질렸을 때는 "吃腻了!" 라고 합니다.

李娜　有的觉得油腻，不过也有清淡的。

어떤 건 느끼하지만, 담백한 것도 있어.

▷ '不过' 는 가벼운 역접을 나타내고, '可 / 可是 / 但是' 등과 바꿔 쓸 수 있습니다.

同学　你觉得哪儿的菜好吃？东北的还是四川的？

넌 어디 음식이 맛있어? 동북 요리 아니면 사천 요리?

▷ '东北的' 뒤에는 '菜' 가 생략되었습니다.

李娜　两个地方的菜都很好吃。 두 곳의 요리는 모두 맛있어.

同学　在首尔有中国人开的餐厅吗？ 서울에 중국인이 하는 식당 있어?

▷ '餐厅' 과 '饭馆' 은 일반적인 음식점을 말하고, '食堂' 은 학교나 회사의 구내식당을 말합니다.

李娜　有。很多呢。 있어. 많다니까.

▷ '很多呢' 는 조금 어려운 표현이지만 '多着呢' 와 바꿔 쓸 수 있습니다.

同学　下次一起去尝尝，怎么样？ 다음에 같이 맛보러 가자, 어때?

▷ 上次 지난번 ｜ 这次 이번 ｜ 下次 다음번

▷ '尝尝' 은 동사의 중첩형으로 '맛 좀 보다' 의 뜻입니다.

李娜　好哇。 좋지!

▷ '啊' 가 'u, ao, ou' 등으로 끝나는 단어와 결합하면 'wa' 로 변합니다.

어법배우기

36 page

1 동태조사 (过)

▷ 동태조사 '过' 는 '과거에 ~한 적이 있다' 라는 뜻으로, 과거의 '경험' 을 나타냅니다. 부사 '曾(经)' 을 동반 하기도 하며, 동량보어 '次', '遍', '下' 도 자주 동반 합니다.

〔긍정형〕

★ 주어 +(부사어)+동사 +'过'+(동량보어)+목적어

· 我去过北京。 나는 베이징에 가 본 적이 있어요.

· 他曾经看过两遍。 그 사람은 예전에 두 번 본 적이 있어요.

· 我吃过三次中国菜。 나는 중국 음식을 세 번 먹어 봤어요.

★ 주어 +(부사어)+ 동사 +'过'+인칭대명사 +(동량보어)

· 去年我见过他一次。 작년에 나는 그 사람을 한 번 만난 적이 있어요.

· 不认识了吗？我还抱过你呢! 모르겠어요? 난 그대를 안아 보기까지 했는데.

★ 전치목적어 + 주어 + 동사 +'过'+(동량보어)

· 这部电影我看过两遍。 이 영화를 나는 두 번 보았어요.

· 早饭我已经吃过了。 아침밥을 저는 이미 먹었답니다.

〔의문형과 부정형〕

A : 你见过他吗？ 그 사람 만난 적 있어요?

B-1 : 没见过。 만난 적 없어요.

B-2 : 我从来没见过他。 저는 한 번도 그 사람을 만난 적이 없습니다.

A : 你喝过青岛啤酒没有？ 너 칭다오맥주 마셔 봤어?

B-1 : 我没喝过。 안 마셔 봤어.

B-2 : 我还没喝过青岛啤酒。 칭다오맥주는 아직 못 마셔봤어.

2 동량보어 次 · 遍 · 下

▷ 동량보어(动量补语)는 '수사 +동량사(动量词)' 로 만들어지고, 동사 술어 뒤에 와서 '동작의 횟수' 를 나타냅니다

17

니다. 목적어가 인칭대명사(我·你·他·她)일 경우 동량보어는 목적어 뒤에 놓입니다.

1. 次(번)은 가장 많이 쓰이는 동량보어로, 단순한 '횟수'를 나타냅니다.

- **大哥去过三次日本。** 큰오빠는 일본에 세 번 가 보셨답니다.
- **我见过她一次。** 저는 그녀를 한 번 만난 적이 있어요.

2. 遍(번)은 보통 처음부터 끝까지를 다 해야 '한 번'이라고 간주하는 동작에 쓰며, 주로 '영화', '말', '책', '음악' 등에 씁니다.

- **他问了我好几遍。** 그 사람은 나에게 몇 번이나 물었습니다.
- **这首歌我听过好多遍。** 이 노래를 나는 여러 번 들어봤습니다.

3. 下(번,차례) = '下儿'에는 두 가지 용법이 있습니다.
   동작의 횟수를 나타냅니다.
   술어+一下儿의 고정 형식으로 쓰여 동사를 중첩했을 때처럼 '좀 ~하다'의 뜻을 나타냅니다.

- **他敲了一下门。** 그 사람은 문을 한 번 두드렸습니다.
- **她又前前后后想了一下。** 그녀는 또다시 앞뒤로 생각해 봤습니다.
- **你得帮帮我，帮我一下。** 자넨 나를 도와야만 하네. 나 좀 도와주게.
- **你们再考虑一下，好吗?** 여러분 다시 한 번 고려해 보세요. 알겠습니까?

HSK 听力

38page

1 정답A A: (男) 你去过长城吗? 너 만리장성 가 본 적 있니?

B: (女) 我去过三次长城。 나는 만리장성에 세 번 가 봤어.

问: 女的去过几次长城? 여자는 만리장성에 몇 번 가 본 적이 있습니까?

2 정답B A: (女) 你去图书馆找过我吗? 너 도서관으로 나 찾아간 적 있어?

B: (男) 我去图书馆找过你。 나는 도서관으로 너를 찾아간 적 있어.

问: 男的去图书馆找过女的吗? 남자는 도서관으로 여자를 찾아간 적 있습니까?

3 정답A A: (男) 你看过哪国电影? 너 어느 나라 영화 본 적 있어?

B: (女) 我看过中国电影。 나는 중국 영화 본 적 있어.

18

问: 女的看过哪国电影? 여자는 어느 나라 영화를 본 적 있습니까?

4 정답 C A: 你们爬过什么地方? 너희들 어디에 올라가 봤어?

　　　　　 B: 我们爬过黄山。 우리들은 황산에 올라가 본 적 있어.

　　　　 问: 他们爬过什么地方? 그들은 어디에 올라가 본 적이 있습니까?

HSK 口语

39 page

1 A: 你去过黄山吗? 당신은 황산에 가 본 적 있습니까?

　 B: 我没去过黄山, 只去过长城。

　　 저는 황산에 가 본 적이 없습니다. 만리장성에만 가 봤습니다.

2 A: 你吃过中国菜吗? 중국 음식 먹어 본 적 있습니까?

　 B: 还没吃过中国菜。 아직 중국 음식을 먹어 보지 못했습니다.

3 A: 你见过她吗? 너 그녀를 만난 적 있니?

　 B: 嗯, 我见过她一次。 응. 난 한 번 본 적이 있어.

4 A: 这个汉字你学过了吗? 이 한자 배웠니?

　 B: 这个汉字我学过了。 이 한자 난 배웠어.

HSK 语法

40 page

1 정답 B: 我吃过三次中国菜。 저는 중국 음식을 세 번 먹어 봤어요.

2 정답 B: 我从来没见过他。 저는 한 번도 그 사람을 만난 적이 없습니다.

3 정답 D: 大哥去过三次日本。 큰오빠는 일본에 세 번 가 보셨습니다.

4 정답 D: 他敲了一下门。 그 사람은 문을 한 번 두드렸습니다.

5 你在这儿我等一下。 너 여기서 날 잠깐만 기다려.

　 ▷ 我等 ➡ 等我 - 목적어가 인칭대명사일 때, 동사와 동량보어 사이에 위치한다.

6 你知道谁去日本吗? 너 누가 일본에 가봤는지 아니?

　 ▷ 去 ➡ 去过 - 去 뒤에 过가 와야 한다.

7 这部电影, 我看过好多了。 이 영화 말야. 난 아주 여러 번 봤어.

19

▷ 好多 ➡ 好多遍 – 동량사 遍을 넣어야 한다.

8 你吃过烤鸭没有了? 너 오리구이 먹어본 적 있어?

▷ 没有了 ➡ 没有 – 没 뒤에 了를 동반 할 수 없다.

HSK 写作

41 page

1 来中国以前，我没学过汉语。

2 你见过他几次?

3 我没爬过黄山。

4 他敲了一下门。

5 这本小说我妹妹读过好多遍了。

6 你去过长城吗?

7 我吃过三次中国菜。

8 你喝过啤酒没有?

她穿着牛仔裤。

PART 04

그녀는 청바지를 입고 있네요.

학습목표

1 술어 뒤에 쓰여, 어떠한 동작이나 상태가 지속되고 있음을 나타내는 동태조사(动态助词) '着' 에 대해 공부합니다.
2 두 개의 단어나 구가 동일 사물을 나타내는 단어 '동격어 '에 대해 살펴 봅니다.

기본회화

44 page

01

A : 你看看门开着没有? 봐 봐, 문 열려 있어?

▷ '看看' 은 동사의 중첩형입니다. '看一看', '看一下' 로 바꿔 쓸 수 있습니다.

B : 没开着。안 열려 있어.

02

A : 小英她穿着什么呢? 소영이는 뭘 입고 있지?

▷ '小英' 과 '她' 는 동격입니다.

▷ 脱 벗다 ㅣ 披 걸치다

B : 她穿着牛仔裤。 소영이는 청바지를 입고 있어.

▷ 连衣裙 원피스ㅣ 短裤 반바지 ㅣ 迷你裙 미니스커트ㅣ 戴着墨镜 선글라스를 쓰고 있다 ㅣ 眼镜 안경

03

A : 桌子上放着什么东西? 책상 위에 뭐가 놓여 있어요?

B : 桌子上放着几本书。 책상 위에 책 몇 권이 놓여 있네요.

▷ '桌子上' 은 '上' 뒤에 '边' 이 생략된 것입니다.

04

A : 我们怎么去公园? 우리 공원엔 어떻게 가요?

▷ '怎么去' 는 가는 방식을 묻는 표현입니다.

B : 公园离这儿很近，我们走着去吧。

공원은 여기서 가까우니까, 우리 걸어가요.

▷ '离' 는 '~는 ~로부터' 의 뜻입니다.

金小英　你看，门口写着"店内服装打七折"，进去看看吧。
　　　어머, 입구에 "가게 안의 의류 30% 할인"이라고 써 있네. 들어가서 보자.
　　　▷ '打七折'는 30% 할인입니다. 우리나라와 숫자개념이 다릅니다.

小朴　你的衣服那么多，还要买呀？　옷이 그렇게 많은데도 또 사려고?
　　　▷ 这么 이렇게
　　　▷ '呀'는 '吗'와 바꿔 쓸 수 있습니다.

金小英　哎! 看看又不要钱嘛。　아잉, 보는 데 돈 드는 거 아니잖아.
　　　▷ '又'는 강조용법으로 쓰이고 있습니다.

小朴　你这个人真是的。　소영 씨도 참.
　　　▷ '你'와 '这个人'은 동격입니다.
　　　'你这个人真是的'에는 '못 말려'의 뉘앙스가 살짝 들어가 있습니다.

(在商店里: 가게 안에서)

金小英　哎，这条裤子怎么样？　Miss 박, 이 바지 어때?
　　　▷ '哎'는 "어이!", "자기야!", "여보세요!" 처럼 상대를 부를 때 씁니다.

小朴　看着还可以。　보기엔 괜찮아 보이는데.
　　　▷ '着'가 동사 술어 뒤에 쓰여 '~하기에'의 뜻으로 쓰이기도 합니다.

售货员　那边有更衣室，您去试一试。　저쪽에 탈의실 있으니까, 한번 입어 보세요.
　　　▷ '试一试'도 동사의 중첩입니다. '试试', '试一下'로 바꿔 쓸 수 있습니다.

小朴　我帮你拿着包，你去试吧。　내가 가방 들고 있을게, 가서 입어 봐.
　　　▷ '我帮你拿着包'를 직역하면 "내가 당신을 대신해서(도와서) 가방을 들고 있을게요" 입니다.
　　　하지만, 자연스러운 말을 위해서 '帮你' 부분을 해석하지 않았습니다.
　　　▷ 钱包 돈지갑 ┃ 提包 핸드백 ┃ 书包 책가방

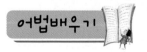 **46** page

1 　동태조사 (动态助词) 着

▷ 동태조사 '着'는 술어 뒤에 쓰여, 어떠한 동작이나 상태가 지속되고 있음을 나타냅니다.

① 동사 술어 뒤에 쓰여 어떠한 동작이 지속되고 있음을 나타냅니다.

· 第二班的同学在学校门口站着。 2반 학생들이 학교 앞에 서 있습니다.

· 你先在下边等着。 자네 먼저 아래에서 기다리고 있게.

② 진행 부사 '正', '正在', '在' 등과 호응하여 동작이 한참 진행되고 있음을 나타냅니다.

· 外面在下着大雨。 밖엔 비가 세게 내리고 있습니다.

· 我正写着信呢。 나는 편지를 쓰고 있는 중입니다.

· 比赛正在激烈地进行着。 시합이 한참 격렬하게 진행 중입니다

▷ 激烈 격렬하다

③ 동사 술어 · 형용사 술어 뒤에 쓰여 어떠한 상태가 지속되고 있음을 나타냅니다.

· 他还发着烧呢, 不能去上班。 그 사람은 아직 열이 나서, 출근을 할 수가 없어요.

▷ 发烧 열이 나다

· 办公室里的灯一直亮着。 사무실 등이 계속 켜져 있네요.

· 老师今天穿着一件红毛衣。 선생님은 오늘 빨강색 스웨터를 입고 계시네요.

④ 두 개의 동사 사이에 쓰여, 첫 번 째 동사가 두 번째 동사의 방식이나 수단을 나타냅니다.

· 赵先生经常走着回家。 mr. 조는 자주 걸어서 귀가하십니다.

· 咱们听着音乐聊天儿吧。 우리 음악 들으면서 얘기 좀 하죠.

· 别站着说, 快坐下。 서서 말하지 말고, 어서 앉아요.

· 你怎么低着头不说话？ 너 왜 고개만 숙이고 말은 안 하니?

▷ 低 낮다.숙이다 ㅣ 抬头 고개를 들다

⑤ '동사+着'를 중첩 형태로 써서, '~하다가(~하다보니) 어떻게 되었다' 라는 표현을 나타냅니다.

· 弟弟哭着哭着睡着了。 동생은 울다 울다 잠이 들었어요.

· 他们喝着喝着就醉了。 그들은 마시다 마시다 취해 버렸어요.

· 想着想着, 不知不觉地笑起来了。 생각하다 생각하다 나도 모르게 웃음이

터졌어요.

[tip] 어떤 장소에서 어떠한 현상이 지속됨을 표현하는 문장에서는, 장소를 나타내는 단어나 구가 문두에 나오게

되는데, 이때 개사 '在'는 쓸 필요가 없습니다.

· 外边下着小雪。 밖에 적은 양의 눈이 내리고 있어요.

· 那儿围着不少人。 거긴 많은 사람들로 둘러싸여 있네요.

2 동격어 (同位词语)

▷ 두 개의 단어나 구가 동일 사물을 나타내는 단어를 '동격어'라고 합니다. 회화에서 자주 쓰입니다.

· 中国人周先生 중국인 저우 씨

· 我自己 내 자신

· 她哥哥李珉 그녀의 오빠 이민

· 小韩他们 한 군들

· 赵老师他 조 선생님 그 사람

HSK 听力

48 page

1 정답 A A : (女) 你妹妹在床上躺着睡觉吗？ 네 여동생은 침대에 누워 자고 있니?

B : (男) 不，我妹妹在床上躺着听音乐。

아니, 내 여동생은 침대에 누워 음악을 듣고 있어.

问 : 男的妹妹在床上干什么？ 남자의 여동생은 침대에 누워 무엇을 하고

있습니까?

2 정답 D A : 李珉他正在喝着咖啡吗？ 李珉은 커피를 마시고 있니?

B : 李珉他正在喝着咖啡。 李珉은 커피를 마시고 있어.

问 : 李珉他正在喝着什么？ 李珉은 무엇을 마시고 있습니까?

3 정답 D A : 桌子上放着什么东西？ 책상 위에 뭐가 놓여 있니?

B : 桌子上放着一台电脑。 책상 위에 한 대의 컴퓨터가 놓여 있어.

问 : 桌子上放着什么东西？ 책상 위에 뭐가 놓여 있습니까?

4 정답 A A : (男) 你经常怎么回家？ 넌 자주 어떻게 집에 돌아가니?

B : (女) 我经常走着回家。 나는 자주 걸어서 집에 돌아가.

问 : 女的经常怎么回家？ 여자는 자주 어떻게 집에 돌아갑니까?

49 page

1 A : 你妹妹在干什么？ 네 여동생 뭐하니?

   B : 我妹妹在听着音乐跑步。 내 여동생은 음악 들으며 달리기하고 있어.

2 A : 门开着没有？ 문이 열려 있습니까?

   B : 门没开着。 문은 열려 있지 않습니다.

3 A : 李娜穿着什么？ 李娜는 무엇을 입었습니까?

   B : 李娜穿着牛裤仔。 李娜는 청바지를 입었습니다.

4 A : 墙上挂着什么？ 벽에는 무엇이 걸려 있습니까?

   B : 墙上挂着2007年的挂历。 벽에는 2007년도 달력이 걸려 있습니다.

50 page

1 정답C : 桌子上放着什么东西？ 책상 위에 뭐가 놓여 있니?

2 정답D : 电视开着没有？ 텔레비전이 켜져 있습니까?

3 정답A : 她们没吃着饭看电视。 그들은 밥 먹으면서 텔레비전을 보지 않습니다.

4 정답C : 她们正在喝着茶聊天儿。 그녀들은 차를 마시면서 이야기를 하고 있습니다.

5 在外边下着小雪。 밖에 적은 양의 눈이 내리고 있어요.

   ▷ 在外边 ➡ 外边 - 개사 '在'를 쓸 필요가 없다

6 他们喝着喝就醉了。 그들은 마시다 마시다 취해버렸습니다.

   ▷ 喝着喝 ➡ 喝着喝着 - 喝着喝 뒤에 동태조사 着를 쓴다.

7 我们走着去着吧！ 우리 걸어갑시다!

   ▷ 去着 ➡ 去 - 去 뒤에 着가 올 필요 없다.

8 我正在听音乐学习汉语。 나는 마침 음악을 들으면서 중국어를 공부하고 있습니다.

   ▷ 听 ➡ 听着 - '~하면서 ~하다' 라는 방식. 수단을 나타낼 때는 着를 붙인다.

1　墙上挂着挂历吗？

2　他没站着。

3　他正开着车呢。

4　我穿着牛仔裤。

5　我帮你拿着包。

6　电视没开着。

7　我正写着信呢。

8　我妹妹哭着哭着睡觉了。

PART 05

你们公司上几天班?
당신의 회사는 며칠제 근무입니까?

학습목표

1 동사의 일종인 이합사(离合词)에 대해 알아봅니다. 이합사(离合词)는 '동사(动)+목적어(宾)' '동사(动)+보어(补)' 관계로 이루어져 있어, 필요에 따라 자유롭게 분리와 결합이 되는 동사를 말합니다.

2 대략적인 수를 표현하는 '어림수(概数)'에 대해 공부합니다.

기본회화   56 page

 01

A : 你喝过葡萄酒吗?   와인 마셔 본 적 있어요?

B : 我喝过两、三次。   두세 번 요.

▷ '两、三次'는 어림수입니다.

 02

A : 你想请几天假?   휴가 며칠 내려고요?

B : 我想请三天假。   3일 동안 휴가 내려고요.

▷ '请/假'는 이합사이기 때문에 구체적인 날짜 '三天'은 '请'과 '假' 사이에 써 줍니다.

 03

A : 他的个子有多高?   그 사람 키가 얼마나 되요?

▷ 부사 '多'는 '얼마나'라는 의문사로, '多高', '多大', '多宽', '多长', '多远' 등에 쓰입니다.

▷ 이 문장에서 '有'는 안 써도 상관없습니다.

B : 一米八左右。   180 가량요.

▷ '左右'도 어림수입니다.

 04

A : 天气这么好, 咱们去散散步吧!   날씨 끝내주네. 우리 산책하러 가요.

▷ '散/步'는 이합사이기 때문에, 중첩을 할 때는 동사 부분 '散'을 중첩해야 합니다.

B : 对不起! 我太累了想在家休息。

미안해요! 너무 피곤해서 집에서 쉬고 싶어요.

27

同学	哎，你们公司上几天班？ 애, 너네 회사 며칠제 근무야?

▷ '哎' 는 '小英' 과 바꿔 쓸 수 있습니다.

▷ 上/班은 이합사이기 때문에 며칠이라는 '几天' 을 '上' 과 '班' 사이에 써줘야 합니다.

金小英	我们公司上五天班，你们呢？ 우리회사 5일제, 너넨?

▷ 우리 회사라고 할 때 보통 '我们公司' 라고 합니다.

同学	我们还是上六天班。 우린 여전히 6일제야.
金小英	星期六上班累不累？ 토요일도 근무하면 피곤하지?
同学	还可以。习惯了嘛。 그럭저럭. 습관이 됐잖아.
金小英	那你平时下了班以后干什么呀？ 그럼 너 평소에 퇴근 후에 뭐해?
同学	回家看看书啦，去锻炼啦。 집에 가서 책도 좀 보고, 운동도 좀 하고.

▷ '啦' 는 '~도 하고,~도 하고' 의 뜻으로 동작을 열거할 때 씁니다.

金小英	你们公司平时加班吗？ 너네 회사 평소에 야근 하니?
同学	加班，有时侯还开夜车呢。哎，你们公司工资高不高？

야근 하지, 어떤 땐 밤샘도 한다니까. 애, (근데) 너네 회사 급여는 세니?

▷ '开夜车' 는 '일' 이나 '공부' 하면서 밤샘할 때 씁니다.

▷ 月薪 yuèxīn 월급 | 年薪 niánxīn 연봉

金小英	还算高吧。隔两个月发一次奖金。

높은 편이야. 두 달에 한 번씩 보너스도 나오고.

▷ 补贴 보조금 | 发工资 급여를 지급하다 | 隔一个星期 1주일마다

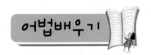 **58** page

1 이합동사 (离合词)

▷ 이합동사란 쉽게 말해 태어날 때부터 '동사+목적어' 혹은 '동사 +보어' 가 한 몸으로 나와서 필요에 따라 "헤쳐 모여!"를 할 수 있는 이음절 동사를 말한답니다.

주의! 일반적인 이음절 동사는 분리를 할 수가 없습니다.

〔일반적인 동사〕

· 我学习英语。 나는 영어 공부를 해요.

· 他喜欢你。 그 사람 너 좋아해.

〔용법〕

1. '이음절 동사'로 쓸 경우

· 他们俩经常吵架。 그 둘은 자주 다툰다.

· 饿了吧? 你快去吃饭吧。 배고프지? 빨리 가서 밥 먹어.

· 我每天去公园散步。 나는 매일 공원으로 산책 갑니다.

2. 분리해서 쓸 경우

· 我们俩从来没吵过架。 우리 둘은 한 번도 다퉈 본 적이 없어요.

· 我天天上汉语课。 나는 날마다 중국어 수업을 듣습니다.

▷ '天天'은 '每天'보다 더 구어적인 표현입니다.

· 明天下了课我就去你家。 내일 수업 마치고 바로 너희 집으로 갈게.

· 天气这么好，咱们去散散步步吧。
날씨도 이렇게 화창한데, 우리 산책하러 갑시다.

[TIP] 이합동사 중에는 '동사 + 보어' 구조로 이루어진 경우도 있답니다.

· 你怎么舍得离开我呢? 당신이 어떻게 날 떠날 수가 있어요?

▷ '舍得' 아깝지 않다. 아까워하지 않다. 미련이 없다. 아쉬워하지 않다.

· 我离不开你，亲爱的。 당신이랑 헤어질 수가 없어요. 달링.

1 어림수 (概数)

· 过两天再来看你。 며칠 지나서 다시 보러 올게요.

· 他今年已经二十几了吧? 그 사람 올 해 벌써 스물 몇 살이지?

HSK 听力

60 page

1 정답 B A : (女)你丢过帽子吗? 당신은 모자를 잃어버린 적이 있습니까?

B : (男)我丢过二、四顶帽子。 나는 모자를 서너 개나 잃어버린 적이

있습니다.

问: 男的丢过几顶帽子呢? 남자는 몇 개의 모자를 잃어버린 적이 있습니까?

2 정답 B A : (男)你家有多少斤苹果? 너희 집에 사과가 몇 근이나 있어?

B : (女)我家有十多斤苹果。 우리 집에는 사과 10여 근이 있어.

问: 女家有几斤苹果? 여자의 집에는 몇 근의 사과가 있습니까?

3 정답 D A : (男)今天晚上咱们在哪儿见个面? 오늘 밤에 우리 어디서 볼까?

B : (女)今天晚上我们在学校门口见个面。
오늘 밤에 우리 학교 정문에서 만나자.

问: 他们在哪儿见面? 그들은 어디서 만나기로 했습니까?

4 정답 D A : (男)你和你的男朋友吵过架吗? 너 남자친구와 다퉈 본 적 있어?

B : (女)我和我的男朋友从来没吵过架。 나는 남자친구와 여태껏 다퉈
본 적이 없어.

问: 女的跟女的男朋友吵过架吗? 여자와 여자의 남자 친구는 다퉈 본 적이
있습니까?

HSK 口语

61 page

1 A : 他的个子多高? 그의 키가 얼마입니까?

B : 你的个子一米七左右。 그의 키는 170cm 가량입니다.

2 A : 你吃了几个苹果? 너는 몇 개의 사과를 먹었니?

B : 我吃了五、六个苹果。 나는 5,6개의 사과를 먹었어.

3 A : 你跟男朋友吵过架吗? 넌 남자 친구와 다퉈 본 적 있어?

B : 我跟男朋友没吵过架。 나는 남자 친구와 다퉈 본 적이 없어.

4 A : 他今年已经二十几了吧? 그녀는 올해 벌써 스물몇 살이 되었죠?

B : 他今年已经二十三了。 그녀는 올해 스물 세 살이 되었어.

62 page

1 정답 D : 我天天上汉语课。 나는 날마다 중국어 수업을 듣습니다.

2 정답 D : 他的个子一米七八左右。 그의 키는 178cm 정도입니다.

3 정답 C : 我和他从来没吵过架。 나는 그와 여태껏 다퉈 본 적이 없어.

4 정답 A: 过两天再来看你。 며칠 지나서 다시 보러 올게요.

5 明天下课了我就去你家。 내일 수업 마치고 바로 너희 집으로 갈게.

▷下课了 ➜ 下了课 - 了는 이합동사 사이에 들어 간다.

6 我离开不你，亲爱的。 난 널 떠날 수 없어. 자기야.

▷ 离开不 ➜ 离不开 - '离开'는 동사 '离' 와 보어 '开'의 이합사이다. '떠날 수 없어'는 '离不开'이다.

7 我只过吃两、三次烤鸭。 난 오리구이를 두세 번밖에 못 먹어 봤습니다.

▷ 过吃 ➜ 吃过 - '吃'와 '过'의 위치가 바뀌었다.

8 他帮了我多忙。 그는 나를 적잖이 도왔습니다.

▷多 ➜ 不少 - '多가 아닌 '不少'가 와야 한다.

63 page

1 你看过几次京剧？

2 我想下了班后去看电影。

3 天气这么好，咱们去散散步吧。

4 下午三点左右我去你那儿。

5 十多斤苹果。

6 这双高跟鞋九十五块多。

7 她游泳游得很好。

8 他的个子一米七八左右。

你周末过得怎么样?

주말 잘 보냈어?

학습목표

1 동작이나 상태가 어느 정도에 이르는지, 어느 수준인지를 말해 주는 정도보어(程度补语)에 알아봅니다.
2 양사와 명사의 중첩에 대해 살펴봅니다.

기본회화 66 page

A : 李珉! 周末过得好吗? 李珉 씨, 주말 잘 보냈어요?

▷ '好吗?' 는 '怎么样' 과 바꿔 쓸 수 있습니다.

B : 周末过得很好, 你呢? 잘 보냈어요. 당신은요?

A : 他游泳游得怎么样? 그 사람 수영 잘해요?

B : 他游得不好。 그 사람 수영 못 해요.

▷ '游泳' 은 이합사입니다. 구조조사 '得' 는 반드시 동사 '游' 뒤에 위치합니다.

A : 你汉语说得真棒! 자네, 중국어를 정말 잘하는군!

B : 过奖过奖, 还差得远呢。 과찬이십니다. 아직 한참 멀었습니다.

▷ '过奖过奖' 은 "哪里哪里 별말씀을요", "不敢当 천만의 말씀입니다" 와 바꿔 쓸 수 있습니다.

▷ '还差得远呢' 는 남의 칭찬에 대해 겸손하게 대답할 때 많이 씁니다.

A : 今天小金来得早不早? 오늘 Miss 김 일찍 왔어요?

▷ 정도보어를 쓰는 문장을 반복의문문으로 만들 때, 반드시 '得' 뒷부분을 바꿔 줍니다.

B : 今天她来得比较早。 오늘 Miss 김 비교적 일찍 왔어요.

东东　你周末过得怎么样？　주말 잘 보냈어？

▷ '得'는 정도보어를 만들어 줄 때 필수적으로 들어가는 조사입니다.

李娜　过得很好。　잘 보냈어.

▷ 이 문장에서 정도보어 부분은 '很好' 입니다.

东东　哎，听说你相亲了，是不是？　애, 너 선 봤다며？

▷ '相亲'은 '선을 보다'의 의미입니다. 중국에는 사실 '소개팅'이란 말은 없습니다.

李娜　啊？谁说的？不是啊，我只是见了一个人。

뭐야? 누가 그래? 아냐, 누구 한 사람 만난 거뿐이야.

东东　谁呀？谁给你介绍的？长得好吗？

누군데? 누가 소개해 줬어? 잘생겼어?

▷ '长得…'는 '생김새가…하다'라는 표현입니다.

李娜　哎呀，急什么呀？一个一个地来吧。

아이구, 숨넘어가겠네. 하나씩 물어봐.

▷ "急什么呀?"를 직역하면 "뭐가 그렇게 급해?", "안달할 게 뭐 있어?"지만, 좀더 현실감 있게 의역했습니다.

▷ '一个一个地'는 수량사의 중첩이 부사어가 될 때, 조사 '地'가 붙어 있는 형태입니다.

东东　嘻嘻，第一，那个人长得怎么样？

히히. 첫째, 그 사람 생긴 건 어때?

李娜　长得很一般，可是很幽默。　생긴 건 그저 그런데, 재미있어.

▷ '一般'은 '보통이다', '평범하다'의 뜻입니다.

东东　那你们约了下次见面吗？　그럼 너네들 다음 약속 잡았어?

▷ '今天晚上我有约'는 '오늘 밤에 저 약속 있어요'라는 뜻입니다.

'约会'라고 쓰면, 데이트의 개념입니다.

李娜　约了，这个周末见面！　응. 이번 주말에 보기로 했어.

68 page

1 정도보어 (程度补语) ①

보어란 동사 술어나 형용사 술어를 보충 설명해 주는 성분을 말합니다. 그리고 정도보어는 동작이나 상태가 어느 정도인지 어느 수준인지를 설명해 주는 보어를 말합니다.

[긍정형]

① 주어 + 술어(동사/형용사) + '得' + 정도보어

· 他跑得很好。　그 사람은 잘 뜁니다.

· 大家来得很早。　모두들 일찍 왔네요.

· 人人都高兴得不得了。　사람들은 모두 좋아서 어쩔 줄 몰라 했습니다.

　▷ 跑　달리다 ㅣ 人人 사람마다 ㅣ 高兴 즐겁다 ㅣ 不得了　대단하다

② 주어 + 술어 + 목적어 + 술어 + '得' + 정도보어

· 小李游泳游得非常快。이군은 수영을 대단히 잘합니다.

· 她打篮球打得越来越好。　그녀는 농구를 갈수록 잘합니다.

　▷ 정도보어를 만들 때, '得'는 반드시 술어 뒤에 옵니다.

　특히 이합동사로 정도보어 만들 때 는 분리시켜야 합니다.

③ 주어 + 목적어 + 술어 + '得' + 정도보어

· 王明排球打得好极了。　王明은 배구를 끝내주게 합니다.

· 我朋友英语说得特别流利。　내 친구는 영어를 유창하게 합니다.

　▷ 好\极了 너무 좋다. 너무 잘한다 ㅣ 特别 특별히 ㅣ 流利　유창하다

④ 목적어 + 주어 + 술어 + 得 + 정도보어

· 中国歌小孟唱得特别好听。맹군은 중국노래를 아주 잘 부릅니다.

· 这篇文章他翻译得不错。　이 글을 그 사람은 괜찮게 번역했습니다.

　▷ 好听 듣기 좋다 ㅣ 文章 글 ㅣ 翻译 번역하다. 통역하다 ㅣ 不错 괜찮다. 좋다

[특수 형태]

· 别闹得鸡犬不宁了。　정신 사납게 소란 피우지 마라. (4자성어)

· 我们把敌人打得稀里哗啦。 우리들은 적을 먼지 나도록 때렸다.(의성어)

[TIP]

    1. 정도보어를 쓰는 문에서 조심할 것은 구조조사(结构助词) ' 得 ' 는 반드시 술어 뒤에 위치한다는

       것입니다. 술어 동사가 이합사(동사＋목적어)일 경우 조심하셔야 합니다.

    2. 정도보어가 될 수 있는 성분은 '형용사/형용사구', '동사구 ', '4자성어' '의성어' 등을 들 수가 있습니다.

[부정형]

▷ 정도보어가 들어가는 문장을 부정할 때는 구조조사 ' 得 ' 이하의 부분을 부정합니다.

· 他游泳游得不快。 그 사람은 수영을 잘 못합니다.

· 她汉字写得不太好。 그녀는 한자를 잘 못 씁니다.

[의문형]

· 周末过得怎么样? 주말 어떻게 보냈어요?

· 大家来得早吗? 모두들 일찍 왔나요?

· 他汉语说得好不好? 그 사람은 중국어를 잘하나요?

2 양사와 명사의 중첩

▷ 양사와 명사도 중첩할 수 있는데,그 뜻은 '每' 와 같습니다. 양사와 명사의 중첩이 있는 문장에는 자주 부사 '都' 가 등장합니다.

· 个个学生都很聪明。 (양사) 학생들 모두 다 똑똑합니다.

· 件件衣服都很漂亮。 (양사) 옷이 모두 다 예쁘군요.

· 春节晚会, 几乎年年都有。 (명사) 설 축하연은 거의 매년 있습니다.

· 家家都有好几辆自行车。 (명사) 집집마다 모두 자전거 몇대 씩 있습니다.

HSK 听力

70page

1정답 B A : 李珉唱歌唱得怎么样? 이민은 노래를 잘합니까?

        B : 他唱歌唱得很好。 이민은 노래를 잘합니다.

        问: 李珉唱歌唱得好吗? 이민은 노래를 잘합니까?

2 정답 A
A: 女: 你妹妹游得快吗？　네 여동생은 수영이 빠르니?

B: 男: 我妹妹游得很快。　내 여동생은 수영이 빨라.

问: 男的妹妹游得怎么样？　남자의 여동생 수영은 어떻습니까?

3 정답 D
A: 李娜常常睡得早吗？　李娜는 늘 잠을 일찍 잡니까?

B: 李娜常常睡得很晚。　李娜는 늘 잠을 늦게 잡니다.

问: 李娜常常睡得早不早？　李娜는 늘 잠을 일찍 잡니까?

4 정답 D
A: 王明跑步跑得快吗？　王明은 달리기가 빠릅니까?

B: 王明跑步跑得很快。　王明은 달리기가 빠릅니다.

问: 王明跑步跑得快不快？　王明은 달리기가 빠릅니까?

HSK 口语

71 page

1 A: 李珉跑得快吗？　李珉은 달리기가 빠릅니까?

B: 李珉跑得很快。　李珉은 달리기가 매우 빠릅니다.

2 A: 你弟弟游泳游得好不好？　네 남동생은 수영을 잘하니?

B: 我弟弟游泳游得不太好。　내 남동생은 수영을 그다지 잘하지 않아.

3 A: 王明去学校去得早吗？　王明은 학교를 빨리 가니?

B: 王明去学校去得不早。　王明은 학교를 빨리 가지 않아.

4 A: 你哥哥唱歌唱得怎么样？　네 형 노래 부르는 거 어때?

B: 我哥哥唱歌唱得很好。　우리 형은 노래를 잘합니다.

HSK 语法

72 page

1 정답 C: 他唱歌唱得很好。　그는 노래를 잘합니다.

2 정답 B: 你汉语说得真棒！　너는 중국어를 정말 잘하는구나!

3 정답 C: 今天小英来得早不早？　오늘 小英이 일찍 왔니?

4 정답 C: 个个学生都很聪明。　학생들 모두 똑똑합니다.

5 件件衣服每很漂亮。 옷이 모두 예쁩니다.

▷ 每 ➡ 都 – 뜻은 '每'가 맞지만, 양사와 명사의 중첩이 있는 문장에서는 부사 '都'를 쓴다.

6 王明排球得打好极了。 王明은 배구를 끝내주게 잘합니다

▷ 得打 ➡ 打得 – 정도보어 '得'는 반드시 술어 뒤에 온다. 그러므로 '打得'이라고 해야 한다.

7 我妹妹不唱得听。 내 여동생은 노래는 잘 못 부른다.

▷ 不唱得好 ➡ 唱得不好 – 정도보어를 부정할 때는, 구조조사 '得' 이하를 부정한다. 그러므로 '唱得不好'이다.

8 他汉语说汉语得很流利。 그 사람은 중국어를 유창하게 한다.

▷ 说汉语得 ➡ 汉语说得 – 목적어가 주어 뒤에 위치할 때는 술어는 한 번만 써 준다. 그러므로 '他汉语说得很流利。'이다.

HSK 写作

73 page

1 她睡得很晚。

2 他汉语说得不太好。

3 周末过得怎么样？

4 个个学生都很聪明。

5 我朋友英语说得特别流利。

6 小李游泳游得非常快。

7 他说得好不好？

8 李娜常常来得很早。

PART 07

哎呀！饿死了！

아이구! 배고파 죽겠네!

학습목표

1 得 를 쓰지 않는 정도보어(程度补语)에 대해 알아봅니다.

2 수량사(数量詞)의 중첩에 대해 공부합니다.

기본회화   78 page

A : 今天晚上吃得怎么样?   오늘 저녁 식사 어땠어?

▷ '怎么样' 은 '好吗?', '可以吗?' 등으로 바꿔 쓸 수 있습니다.

B : 吃得很好, 我快要撑死了!   잘 먹었어. 난 배가 터질 것만 같아.

A : 今天热得要命, 我们明天再去吧!

오늘 더워 죽을 거 같아, 우리 내일 가자.

▷ '要命' 은 '명을 재촉할 정도로 심하다' 는 뜻입니다.

B : 不行, 明天去就晚了。   안 돼, 내일 가면 늦어.

▷ 여기서 '就' 는 '… 하면' 이라는 조건을 나타냅니다.

A : 哎呀! 困死我了, 几点了?   아이구, 졸려 죽겠네. 몇 시나 됐어?

B : 才九点, 就这么困?   9시밖에 안 됐는데, 그렇게 졸려?

▷ '才' 는 여기서 '겨우' 라는 뜻으로 쓰였습니다.

A : 今天你请客? 好极了!   오늘 자네가 쏜다고? 너무 잘 됐네.

B : 行, 我请客你掏钱。   그러지 뭐, 내가 쏘고 돈은 자네가 내고.

李珉　妈，儿子快饿死了，家里有没有饭？

엄마, 아들 배고파 죽을 거 같아요. 집에 밥 좀 있어요?

▷ 女儿 딸 ｜ 女婿 사위 ｜ 儿媳妇 며느리

▷ '快…了' 는 '곧 ~하려고 하다' 의 의미입니다.

▷ '死' 는 여기서 정도보어로 쓰였습니다.

饿死了 배고파 죽겠다 ｜ 冻死了 추위 죽겠다 ｜ 气死了 화나 죽겠다 ｜ 热死了 더위 죽겠다

渴死了 목말라 죽겠다

妈妈　这么晚了，还没吃晚饭呀？　이렇게 늦었는데, 아직 저녁도 안 먹었어?

▷ '呀' 는 '吗' 로 바꿔 쓸 수 있습니다. '呀' 가 '吗' 보다 더 다정한 말투입니다.

李珉　嗯，今天特别忙，连吃饭时间都没有呢。

네. 오늘 너무 바빠서요, 밥 먹을 시간도 없었어요.

▷ 정도를 나타내는 부사에는 '非常'·'相当'·'太'·'挺'·'真'·'很'·'格外' 등이 있습니다.

▷ '连…都' 는 '~조차도' 라는 강조용법입니다. '都' 는 '也' 와 바꿔 쓸 수 있습니다.

妈妈　(啧啧)，那妈给你做一个菜吧。你想吃什么菜？

(쯧쯧), 그럼 엄마가 요리 하나 해 줄게. 뭐 먹고 싶니?

李珉　时间不早了，简单的就好了。

시간도 늦었는데, 간단한 거면 되요.

▷ '不…了' 는 '더 이상 ~하지 않다' 라는 뜻으로, 시간이 늦었음을 나타냅니다.

妈妈　麻婆豆腐怎么样？　마파두부 어떠니?

李珉　好极了。我就喜欢用豆腐做的。

너무 좋죠. 전 두부로 만든 요리가 좋아요.

▷ '~로 만들었다' 고 할 때, '用…做' 을 씁니다.

用木头做的. (나무로 만든 것) ｜ 用大米做的. (쌀로 만든 것)

这是用什么做的? (이거 뭘로 만든 거예요?)

妈妈　儿子，工作再忙也不能不吃饭呀。

아들아, 일이 아무리 바빠도 끼니를 거르면 못써.

▷ '再' 는 '더', '다시' 의 뜻이 있지만 문맥을 매끄럽게 하기 위해 '아무리' 라고 번역합니다.

李珉　知道了，妈。　알았어요, 엄마.

80 page

1 정도보어 (程度补语) ②

▷ 일반적으로 정도보어를 만드는 문장에는 '得'를 꼭 써야 하지만, '得'를 쓰지 않고도 정도보어를 만들 수 있는 경우가 있는데, 그건 바로 형용사·동사 술어 뒤에 '透'·'多'·'极'·'死'·'很'·'慌' 등을 쓰는 것입니다.

· 现在我觉得好多了。 지금은 많이 좋아진 것 같아요.

· 啊! 气死我了。 아악! 화나 죽겠네!

· 你小心, 你哥哥恨透了你。 너 조심해. 네 형이 단단히 벼르고 있어.

> ▷ 恨 원망하다. 증오하다 ㅣ 透 정도보어로 쓰여 정도가 심함을 나타냄

· 这里的风景美极了。 이곳의 풍경은 정말 아름답지요.

> ▷ 风景 풍경

· 他酷毙了。 저 사람 죽여 주는 걸.

> ▷ '酷毙'는 멋진 남자에게 쓰는 말로, '帅呆了'라고 쓸 수도 있습니다.

[TIP]

> 1. 이러한 형식의 정도보어를 쓰는 문장은 부정형이 없습니다.
> 2. 정도보어 뒤에 어기조사 '了'가 동반됩니다.
> 3. 이러한 정도보어는 보통 형용사 뒤 혹은 심리 활동을 나타내는 동사 술어 뒤에 쓰입니다.

2 그 밖에 회화에서 많이 쓰이는 정도보어 구문

· 她打扮得多么可爱。 그녀는 정말 깜찍하게 차려입었어요.

· 他写得又快又好。 그 사람은 글씨를 빨리 쓰면서 잘 쓴답니다.

· 这个比那个好得多。 이것이 저것보다 훨씬 좋아요.

· 他讲得有道理。 그 사람 말이 일리 있네요.

· 我冻得头疼。 나는 너무 추워서 머리가 아플 정도예요.

· 汉语难得很。 중국어는 정말 어려워.

· 心里闷得慌。 가슴이 답답해 죽을 지경이에요.

> ▷ 打扮 치장하다, 꾸미다 ㅣ 又…又… (어떤 상태가) ~하면서 ~하다 ㅣ 道理 도리. 일리
>
> 心里 마음속, 가슴속 ㅣ 闷 답답하나 ㅣ 慌 어쩔내나. 산망실방하다

41

3 형용사 부사어와 형용사 정도보어

① 형용사 부사어

▷ 형용사가 부사어로 쓰이면 동작 진행의 상태나 방식을 수식하는 의미입니다.

· 快走! 빨리 가요!

· 他非常仔细地看了一遍。 그 사람은 아주 자세히 한 번 보았습니다.

▷ 이음절 형용사가 부사어로 쓰일 때, 앞에 부사가 있으면 형용사 뒤에 '地'를 붙여야 합니다.

▷ 仔细 자세히. 자세하다

② 형용사 정도보어

▷ 형용사가 정도보어로 쓰이면 동작이나 상태가 어느 정도(수준)에 이르고 있음을 나타냅니다.

· 他走得很快。 그 사람은 빨리 걷습니다.

· 她看得很仔细。 그녀는 자세히 봅니다.

4 수량사의 중첩

① 부사어로 쓰여, 동작의 방식을 설명합니다.

· 天气一天一天地暖和起来了。 날씨가 날이 갈수록 따뜻해졌다.

· 自行车一辆一辆地修好了。 자전거는 한 대씩 수리되었습니다.

② 관형어로 쓰여 '나열'을 표현합니다.

· 一件一件的新衣服都丢了。 새 옷들을 모두 잃어버렸어요.

· 一个一个的问题都解决了。 한 건 한 건의 문제들이 모두 해결되었어요.

▷ 解决 해결하다

HSK 听力

82 page

1 정답 D A: (男) 看见王明，他们觉得怎么样？

王明을 보고, 그들은 어땠습니까?

B: (女) 看见王明，他们高兴得不得了。

王明을 보고, 그들은 기뻐서 어쩔 줄 몰라합니다.

问: 看见王明，他们高兴不高兴？

왕밍을 보고, 그들은 기뻐했습니까?

2 정답 B A：(男) 你哥哥帅吗？ 네 오빠 잘생겼니?

B：(女) 我哥哥帅呆了。 우리 오빠는 참 잘생겼어.

问: 女的哥哥帅吗？ 여자의 오빠는 잘생겼습니까?

3 정답 A A：(男) 今天我来请客？ 오늘 내가 한턱 쏠게.

B：(女) 真的？太好了！ 정말? 아이, 좋아라!

问: 女的心情怎么样？ 여자의 기분은 어떻습니까?

4 정답 B A：(女) 快走吧！ 빨리 가자!

B：(男) 李娜，今天热得要命，我们明天再去吧。

李娜, 오늘 더워 죽을 것 같은데, 우리 내일 가자.

问: 男的为什么今天不想去？ 남자는 왜 오늘 갈 생각이 없습니까?

HSK 口语

83 page

1 A：你怎么了？ 너 무슨 일이니?

B：哎呀！气死我了。 아악! 화나 죽겠어.

2 A：今天天气怎么样？ 오늘 날씨 어떠니?

B：今天热得要命。 더워 죽겠어.

3 A：你看见我那么高兴吗？ 너는 나를 보는게 그렇게 기쁘니?

B：我看见你高兴得不得了。 나는 너를 보는 게 너무 기뻐.

4 A：今天我来请客。 오늘 내가 한턱 쏠게.

B：你请客？好极了。 네가 한턱 쏜다고? 아이, 좋아라.

HSK 语法

84 page

1 정답 D：你这个人坏得很。 너란 앤 정말 나빴어.

2 정답 B：她打扮得多么漂亮。 그녀는 정말 예쁘게 꾸몄나.

3 정답 B : 好得不能再好了。이보다 좋을 순 없습니다.

4 정답 C : 今天热得要命。 오늘 끝내주게 덥습니다.

5 哎呀! 气得死我了。 아악! 화나 죽겠어.

▷ 气得死 ➜ 气死 - '得'가 필요 없는 정도보어입니다.

6 今天我累不行了。 오늘 나 피곤해 죽을 지경이야.

▷ 累 ➜ 累得 - 형용사 술어와 정도보어 사이에 '得'을 넣어 준다.

7 她走很快。 그는 빨리 걷습니다.

▷ 走 ➜ 走得 - 형용사 정도보어 앞에 '得'을 써 준다. 형용사가 정도보어로 쓰이면, 동작이 진행되고 있는 정도나 상태에 대해 묘사합니다.

8 快得饿死, 给我点儿吃的, 好吗?

배고파 죽겠어요. 저에게 먹을 것 좀 주실래요?

▷ 快得饿死 ➜ 快饿死了 - 구조조사 '得'이 필요 없는 정도보어이다. 이런 정도보어에는, '透'·'呆'·'死' 등이 있습니다. 뒤에는 보통 '了'를 동반합니다. '得'가 필요 없는 정도보어를 동반하는 술어는 보통 형용사 술어입니다.

HSK 写作

85 page

1 她看得很仔细。

2 这里的风景美极了。

3 他写得又快又好。

4 汉语难得很。

5 天气一天一天地暖和起来了。

6 你请客? 好极了。

7 他帅呆了。

8 他气得不得了。

你请我喝酒吧。

술 사시죠.

학습목표

1 앞 동사의 목적어(宾语)가 동시에 뒤 동사의 '동작주체'가 되는 문장을 겸어문(兼语句)라고 하는데, 8과에서는 이 겸어문에 대해 살펴보겠습니다.

2 겸어문(兼语句)과 연동문(连动句)의 차이에 대해 알아보고 갈까요?

기본회화　88 page

A : 今天你请我吃饭？　오늘 밥 좀 사지?

B : 想得美!　。 꿈도 야무지셔.

▷ '想得美'는 '정도보어'로 만들어진 관용어로 회화에서 많이 씁니다.

A : 妈, 您为什么不让我跟她结婚?

엄마, 엄만 왜 저와 그 애랑 결혼 못하게 하세요?

▷ '让'의 부정형은 '不让'입니다..

▷ 相亲 선보다 ㅣ 谈恋爱 연애하다 ㅣ 分手 헤어지다 ㅣ 离婚 이혼하다

B : 儿子, 我们两家门不当户不对的。

아들아, 우리 두 집은 서로 안 맞아.

▷ 门户 가문.집안 ㅣ 门当户对 집안이 맞다 ㅣ 门不当户不对 집안이 안 맞다

A : 小王, 老总叫你过去呢。　Mr.왕, 사장님이 오라셔.

B : 好的。我马上就去。　알았어요. 바로 갈게요.

▷ '马上'이 나오면 보통 뒤에 '就'가 따라 나옵니다.

A : 你有外国朋友吗?　너 외국친구 있어?

B : 我有个朋友是日本人。 나한테 친구가 하나 있는데 일본인이야.

▷ '有'를 쓰는 겸어문 입니다.

45

王明	小李，你几点下班？ 이형, 언제 퇴근해?

▷上班 출근하다 ∣ 加班 초과 근무하다 ∣ 值班 당직하다 ∣ 两班倒 2교대

李珉	我呀，六点半左右，什么事儿？ 나. 6시 반쯤. 무슨 일이야?

▷ 我呀 에는 "저 말이예요?", "저는요~"의 의미가 들어 있습니다.

王明	今天我心情不好，想喝酒。

오늘 내 기분이 꿀꿀하거든, 술 한 잔 생각나서.

▷ 心情 기분 ∣ 心事 고민거리

李珉	想喝酒了？我请你喝酒吧。

술 한 잔이 당기신다? 내가 한 잔 살게.

▷ '想喝酒了吗?'에서 '吗'가 생략된 표현입니다. '了' 부분을 올려 발음합니다.

王明	我们在哪儿见面？ 우리 어디서 볼까?

李珉	咱们在老地方见，好吗？ 우리 늘 보던 데서 봅시다. 괜찮아?

▷ '咱们'은 '너와 나, 그리고 제3자' 까지 포함한 '우리' 라는 개념입니다.

▷ '老地方'은 '아지트'의 개념으로 "거기"하면 "아!"하고 서로 알 수 있는 곳을 말합니다.

王明	可以。那我直接去那儿吧。 그러지뭐. 그럼 내가 직접 그리로 갈게.

李珉	叫小金一起去吗？ Miss 김 도 불러?

▷ 이 문장을 정확하게 해석하면 "Miss 김도 불러서 같이 갈까요?"입니다.

王明	行，让她过来吧。 그래, Miss 김도 오라고 하지 뭐.

李珉	好的。一会儿见！ 알았어. 그럼 이따가 봅시다.

▷ '一会儿见!'은 '잠깐 후에 봅시다' 란 의미입니다.

"그때 가서 봅시다!"라는 말은 "到时候见!"이라는 표현을 씁니다.

1 겸어문 (兼语句)

겸어문이란? 동사 술어문의 일종으로 앞 동사의 목적어가 동시에 뒤 동사의 '동작 주체'가 되는 문장을 말한다

46

다. 겸어문의 앞 동사는 주로 사역의 의미를 갖습니다. 이러한 동사에는 '请', '让', '叫', '使', '有' 등이 있습니다.

[기본 문형]

① '请'에는 주로 '초청하다', '초대하다'의 뜻이 있습니다.

- 今天我请你吃饭。 오늘 제가 밥 살게요.
- 我想请你做我的辅导老师。 제가 선생님을 과외 선생님으로 모시고 싶은데요.

▷ 겸어문에 부사어가 나오면 보통 '请', '叫', '让' 앞에 위치합니다.

② '让'에는 '시키다'의 뜻 외에 '허락하다'의 뜻이 있습니다.

- 韩老师让你马上去。 한 선생님이 너 바로 가라셔.
- 你想让我怎么办？ 내가 어떻게 했으면 좋겠어요?

③ '叫'에는 주로 '불러서 이렇게 하라고 시키다'의 뜻이 있습니다.

- 你去叫你哥哥来这儿吧。 너 가서 오빠더러 이리로 오라고 해라.
- 老总常常叫我去机场接客人。

사장님께서는 자주 저한테 공항으로 손님 마중을 가라고 하십니다.

④ '使'에는 '~로 하여금 ~하게 하다'의 뜻이 있고, 주로 서면어에 많이 쓰입니다.

- 这件事使他们俩分手了。 이 일이 그 둘을 헤어지게 만들었습니다.
- 今天的参观使我们很高兴。 오늘 했던 견학은 우리를 기쁘게 했습니다.

⑤ '有'를 쓰는 겸어문에서 뒤 동사는 '有'의 목적어가 '무엇을 하는지', '어떠한지'를 말해 줍니다.

- 我有个朋友是外国人。 나한테 친구 하나가 있는데 외국인이랍니다.
- 房间里有人睡觉。 방에는 누군가가 자고 있습니다.
- 有一个人叫张青。 어떤 사람이 있는데 张青이라고 하지요.

[겸어문의 부정형]

① 겸어문의 부정형에는 부정 부사 '不', '没'를 쓸 수 있습니다. 이러한 부정 부사는 첫째 동사 술어 앞에 놓습니다.

- 我没请他喝酒。 나는 그 사람한테 술을 사지 않았어요.
- 妈妈不让我跟他结婚。 엄마는 나보고 그 사람과 결혼하지 말라고 하세요.
- 他不想叫小李过来。 그 사람은 이 군을 부르고 싶어하지 않아요.

2. '别', '不要' 를 써서 겸어문을 부정할 때는 보통 둘째 술어 앞에 놓습니다.

· 没事儿，请你别难过了。 괜찮아요. 괴로워하지 말아요.

· 你叫小金不要去机场了吧。 자네 Miss 김더러 공항에 가지 말라고 하게나.

[겸어문의 의문형]

A : 爸爸叫你做什么呀？ 아빠가 너한테 뭐 하라고 하시든?

B : 他叫我学习汉语。 아빠가 저더러 중국어 공부 하래요.

A : 你让我怎么办？ 나더러 어쩌라고?

B : 我也不知道。 나도 모르겠다.

HSK 听力

92 page

1 정답A A : 今天谁请他们吃饭？ 누가 오늘 그들을 초대했습니까?

B : 今天我爸爸请他们吃饭。

오늘 우리 아빠가 그들을 식사에 초대했습니다.

问: 今天我爸爸请他们做什么？

오늘 우리 아빠는 그들을 초대해 무엇을 했습니까?

2 정답A A : 他们俩和好了吗？ 그 둘은 화해했습니까?

B : 没有，这件事使他们俩分手了。

아니요. 이 일이 그 둘을 헤어지게 만들었습니다.

问: 他们俩怎么样了？ 그 둘은 어떻게 되었습니까?

3 정답A A : (男) 你妈妈让你去买什么？

너희 엄마 너한테 뭐 사 오라고 시키신 거니?

B : (女) 我妈妈让我去买三瓶啤酒。

우리 엄마는 나한테 세 병의 맥주를 사 오라고 시키셨어.

问: 女的妈妈让她去买什么？ 여자의 엄마는 그녀에게 무엇을 사 오라고 시켰
습니까?

4 정답B A : (女) 你爸爸叫你做什么呀？ 네 아빠는 너한테 무엇을 하라고 하시니?

B : (男) 我爸爸叫我学汉语。 우리 아빠는 나한테 중국어 공부를 하라고 하셔.

48

问: 男的爸爸叫他做什么?

남자의 아빠는 그에게 무엇을 하라고 하십니까?

1 A: 你妈妈让你去买什么? 너희 엄마는 너한테 뭐 사 오라고 시키셨니?

    B: 我妈妈让我去买葡萄。

      우리 엄마는 나한테 포도를 사 오라고 시키셨어.

2 A: 你想请李珉干什么呢?   너는 李珉을 초대해 무엇을 할거니?

    B: 我想请李珉吃饭。   나는 李珉을 초대해서 밥을 먹을거야.

3 A: 这件事使他们俩分手了吗? 이 일이 그 둘을 헤어지게 만들었습니까?

    B: 这件事使他们俩分手了。   이 일이 그 둘을 헤어지게 만들었습니다.

4 A: 韩老师叫你做什么?   한 선생님은 너에게 무엇을 하라고 했니?

    B: 韩老师叫我看书。   한 선생님은 나에게 책을 읽으라고 하셨어.

1 정답 A: 老总叫你过去呢。   사장님이 오라셔.

2 정답 A: 韩老师让你马上去。 한 선생님이 너 바로 가라셔

3 정답 C: 今天的参观使我们很高兴。   오늘 했던 견학은 우리를 기쁘게 했습니다.

4 정답 A: 没事儿, 请你别难过了。 괜찮아요. 괴로워하지 말아요.

5 他想不叫小李过来。 그 사람은 이 군을 부르고 싶어하지 않아요.

   ▷ 想不 ➡ 不想 - 겸어문의 부정형에는 부정 부사 '不', '没'를 쓸 수 있습니다. 이러한 부정 부사는
     첫 번째 동사 술어 앞에 놓습니다.

6 我妈妈让不我跟她结婚。 우리 엄마는 나에게 그녀와 결혼하지 말라고 하십니다.

   ▷ 让不 ➡ 不让 - 겸어문의 부정문으로 '不'가 '让' 앞에 위치해야 한다.

7 你叫他去不要那儿了吧。   너 그 사람한테 거기 가지 말라고 해.

   ▷ 去不要 ➡ 不要去 - 겸어문에 '不要'를 쓸 때는 보통 두 번째 술어 앞에 놓습니다.

8 我想他参加明天的篮球赛。

난 그 사람이 내일 농구 시합에 참가하도록 초청하고 싶어.

▷ 想 ➡ 想请 – 겸어문의 긍정형으로 '想' 뒤에 '请'을 넣어 줍니다.

HSK 写作

95 page

1 谁叫你不去呢。

2 我有个朋友是中国人。

3 我姐姐让我去买一本杂志。

4 今天我不请你们吃饭。

5 今天晚上我请你喝杯酒。

6 你去叫他过来吃饭。

7 这件事使他们俩分手了。

8 妈妈叫你做什么?

Happy Chinese
중국어 교실 초급 4

지은이 한민이
펴낸이 임상진
펴낸곳 (주)넥서스

초판 1쇄 발행 2007년 8월 25일
초판 8쇄 발행 2016년 10월 10일

출판신고 1992년 4월 3일 제311-2002-2호
10880 경기도 파주시 지목로 5
Tel (02)330-5500 Fax (02)330-5555

ISBN 978-89-5795-132-3 94720
     978-89-5795-135-4 (세트)

www.nexusbook.com
넥서스CHINESE는 넥서스의 중국어 전문 브랜드입니다.

중국어 학습의 가장 정확하고 빠른 '지름길'이 여기 있습니다!

중국어와 친구 되기를 희망하는 여러분을 진심으로 환영합니다.
중국어 첫 수업, 마치 첫 데이트를 하던 때와 비슷한 가슴 벅참과 설렘이 느껴지던 순간이었습니다.

이제부터 배워갈 중국어는 순간순간 여러분에게 주는 희열도 만만치 않겠지만, 때론 여러분을 속상하게 할지도 모릅니다. 저도 예전엔 맘고생 많이 했거든요. 그래서 "에라 모르겠다!" 하고 포기하려고도 했었습니다. 그ㆍ러ㆍ나 그동안 공부했던 시간과 학원비로 날린 돈이 아까워 오기로 버티다 보니 어느새 중국어가 없으면 숨을 쉬어도 살아 있는 것이 아니요, 밥을 먹어도 배가 부르지 않는 중국어 중독자가 되고 말았습니다.

여러분도 이 교재를 만난 이상 '저'처럼 그렇게 되실 거라고 믿습니다. 이 책에는 말이죠, '저'의 중국어 사랑이 듬뿍 담겨 있습니다. 세상의 모든 부모님은 이렇게 말씀하십니다. '내 새끼만큼은 고생시키고 싶지 않아요.' 저 역시 저의 중국어 후배이신 여러분들은 제가 했던 고생을 안 했으면 하는 마음에서, 그 옛날의 시행착오를 거울삼아 이 책 구석구석을 채웠습니다.

어떻게 채웠는지 말해달라고요? 여러분께서 만약 열정과 좌절 사이를 넘나들며 〈중국어교실 1-6〉까지 모두 끝내신다면 어느새 중국어 실력이 몰라보게 향상된 자신을 발견하게 될 것입니다.

어학에는 '왕도'란 없습니다. 그러나 어떤 방법을 택하느냐에 따라 '지름길'은 찾을 수 있습니다. 여러분은 이 책에서 중국어 학습의 '지름길'을 발견하실 수 있으리라 믿습니다. 이제 중국어를 시작하는 여러분에게 '중국어 학습의 든든한 동반자'가 되겠습니다.

모쪼록 중국어와 마음이 '통(通)'해 끝까지 함께하는 여러분이 되셨으면 하는 마음입니다.

2007년 한민이

이 책의 구성

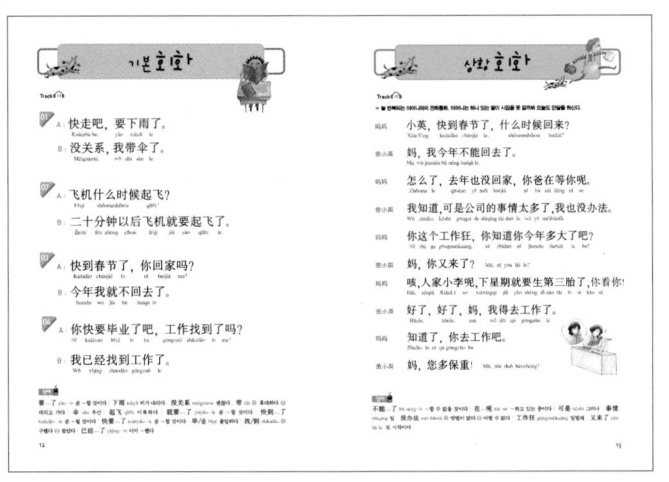

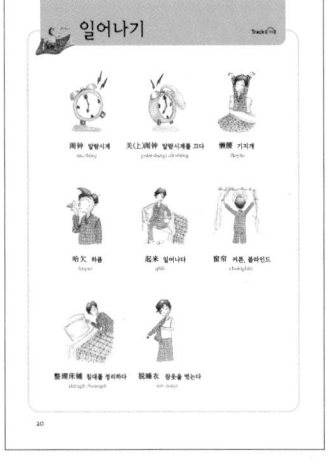

기본회화
이번 과에서 배울 회화와 어법을 간단한 회화로 맛을 봅니다. 단문으로 외우지 말고 꼭 A,B 짝으로 외우세요.

상황회화
다섯 명의 주인공들이 펼치는 드라마 스토리. 학교에서 벌어지는 일들과 회사 생활에서 벌어지는 일들이 한 편의 드라마로 펼쳐집니다. 자~ 우리 주변에서 일어나는 일들을 중국어로 어떻게 표현하는지 코믹한 삽화와 함께 드라마로 감상해 볼까요? 화화는 꼭 소리 내어 5번씩 읽으세요. 어법까지 해결됩니다.

Chinese Dictionary
테마별로 중국어 단어를 모았어요. 앞으로 배울 과에서 필요한 내용들이니 주의해서 보세요~

어법배우기
회화 속에 숨어 있는 어법들을 하나하나 쏙쏙 파헤쳐 볼까요?
체계적인 설명과 풍부한 예문으로 중국어의 기초를 다지세요~!

HSK 유형의 연습문제로 복습 시작!

자 ~ 앞에서 배운 기본회화와 상황회화, 그리고 어법을 가지고 본격적인 확인학습으로 들어갈까요?

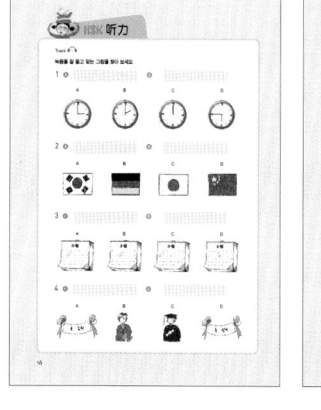

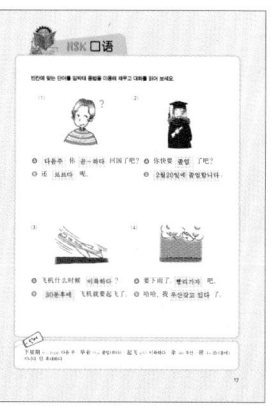

HSK 听力

듣기 문제입니다. 녹음을 잘 듣고 물음에 답해 보세요. 책을 보고 이해하는 것과 귀로만 듣는 중국어는 차원이 다릅니다. 절대~ 컨닝하지 마세요!

HSK 口语

말하기 문제입니다. 앞에서 배웠던 회화인데 입으로 떨어지지 않는다고요? 반복 연습!!! 이미 다 배운 내용이니 겁먹지 마세요~!

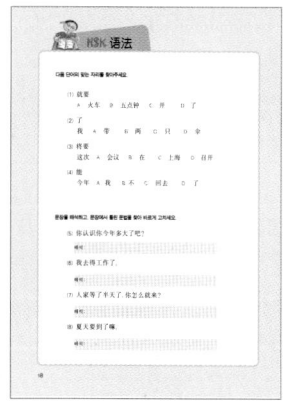

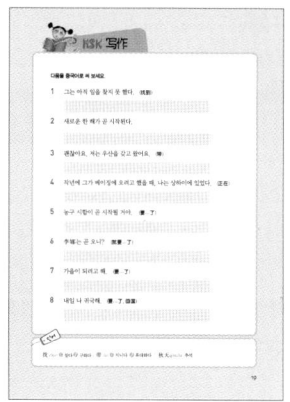

HSK 语法

어법 문제입니다. 주로 〈어법배우기〉에서 다뤘던 내용이나 수업 중에 선생님이 강조하셨던 내용을 위주로 공부하면 어법은 그리 어렵지 않답니다.

HSK 写作

앞에서 배웠던 내용을 쓰기로 총체적으로 점검합니다. 보고 쓰고를 되풀이해도 아련한 기억 속의 그대처럼 어렴풋하니 틀린 문제는 읽고 쓰고를 여러 번 반복하세요!

Travel

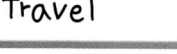

가욕관과 돈황으로 여행을 떠나요~~~
가욕관과 돈황의 볼거리, 먹거리, 기념품 쇼핑 등 시안의 구석구석을 찾아가 봅니다.
가보지 않아도 가욕관과 돈황이 한눈에 쏙!!!

주인공 프로필

이민
대학을 졸업하고 대기업에 우수한 성적으로 입사한 인재. 두뇌는 명석하고 예의가 바르지만 가끔 눈치가 없다. 제대로 된 연애도 한 번 못해본 바른생활 사나이...

김소영
기획실에서 근무하는 커리어우먼. 당차고 활발하나 지나치게 솔직해 가끔 상대방을 무안하게 한다. 신입사원 이민에게 첫눈에 반해 대시하려하는데...음~ 이민보다 나이가 많다.

왕멍
화교지만 중국어를 잘 못하는 바람의 사나이. 거래처 직원으로 앞으로 이민, 김소영과 함께 일을 한다.

이나
이민의 여동생. 21살의 발랄한 대학생이다. 철부지 막내로 패션과 여행에는 관심이 많으나 공부에는 관심이 없다.

동동
이나와는 둘도 없는 소꿉친구. 키가 작고 뚱뚱해 둔해 보이지만 알고보면 귀여운 남자!!!

차례

PART 01 快到春节了。 금방 설이 다가와요.　　　　11
■ 일어나기

PART 02 我们来看看你。 당신을 보러 왔어요　　　　21
■ 목욕하기
Travel in Jiayuguan 1　　　　30

PART 03 你吃过中国菜吗? 중국 음식 먹어 본 적 있어요?　　　　33
■ 세수 및 이닦기

PART 04 她穿着牛仔裤。 그녀는 청바지를 입고 있어요.　　　　43
■ 화장하기
Travel in Dunhuang 2　　　　52

PART 05 你们公司上几天班? 당신의 회사는 며칠제 근무입니까?　　　　55
■ 옷 입기

PART 06 你周末过得怎么样? 주말 잘 보냈어?　　　　65
■ 지하철 타기
Travel in Dunhuang 3　　　　74

PART 07 哎呀! 饿死了! 아이고! 배고파 죽겠네.　　　　77
■ 음식점

PART 08 你请我喝酒吧。 술 사시죠.　　　　87
Travel in Dunhuang 4　　　　96

PART
01

快到春节了。
금방 설이 다가와요.

학습목표

어떤 일이나 상황이 가까운 장래에 일어날 것임을 나타내는 임박태 '要…了', '快要…了', '就要…了', '将要…了'의 문장에 대해 공부합니다.

Track 01

01

A : 快走吧，要下雨了。
Kuài zǒu ba,　　yào　xiàyǔ　le.

B : 没关系，我带伞了。
Méiguānxi,　　wǒ dài sǎn le.

02

A : 飞机什么时候起飞？
Fēijī　shénme　shíhou　qǐfēi?

B : 二十分钟以后飞机就要起飞了。
Èrshí　fēn zhōng　yǐhòu　fēijī　jiùyào　qǐfēi　le.

03

A : 快到春节了，你回家吗？
Kuài dào Chūnjié　le,　nǐ　huíjiā　ma?

B : 今年我就不回去了。
Jīnnián　wǒ jiù　bù　huíqù　le.

04

A : 你快要毕业了吧，工作找到了吗？
Nǐ　kuàiyào　bìyè　le ba,　gōngzuò zhǎodào　le ma?

B : 我已经找到工作了。
Wǒ　yǐjing　zhǎodào gōngzuò　le.

단어

要…了 yào…le 곧 ~할 것이다 | 下雨 xiàyǔ 비가 내리다 | 没关系 méiguānxi 괜찮다 | 带 dài ❶ 휴대하다 ❷ 데리고 가다 | 伞 sǎn 우산 | 起飞 qǐfēi 이륙하다 | 就要…了 jiùyào…le 곧 ~할 것이다 | 快(到)…了 kuài(dào)…le 곧 ~이다, 머지않아 ~이다 | 快要…了 kuàiyào…le 곧 ~할 것이다 | 毕业 bìyè 졸업하다 | 找到 zhǎodào ❶ 구했다 ❷ 찾았다 | 已经…了 yǐjing…le 이미 ~했다

12

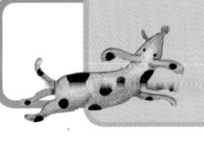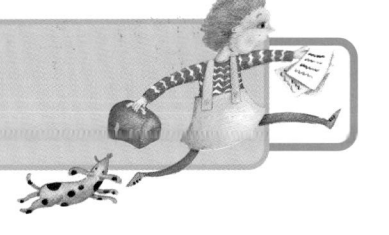

상황 호호호

▶▶ 늘 반복되는 어머니와의 전화 통화, 어머니는 하나 있는 딸이 시집을 못 갈까 봐 오늘도 안달을 하신다.

妈妈 小英, 快到春节了, 什么时候回来?
XiǎoYīng, kuài dào chūnjié le, shénmeshíhou huílái?

金小英 妈, 我今年不能回去了。
Mā, wǒ jīnnián bù néng huíqù le.

妈妈 怎么了, 去年也没回家, 你爸在等你呢。
Zhěnme le, qùnián yě méi huíjiā, nǐ bà zài děng nǐ ne.

金小英 我知道, 可是公司的事情太多了, 我也没办法。
Wǒ zhīdào, kěshì gōngsī de shìqing tài duō le, wǒ yě méi bànfǎ.

妈妈 你这个工作狂, 你知道你今年多大了吧?
Nǐ zhè ge gōngzuòkuáng, nǐ zhīdao nǐ jīnnián duōdà le ba?

金小英 妈, 你又来了? Mā, nǐ yòu lái le?

妈妈 咳,人家小李呢,下星期就要生第三胎了,你看你!
Hāi, rénjia XiǎoLǐ ne, xiàxīngqī jiùyào shēng dì sān tāi le, nǐ kàn nǐ.

金小英 好了, 好了, 妈, 我得去工作了。
Hǎole, hǎole, mā, wǒ děi qù gōngzuò le.

妈妈 知道了, 你去工作吧。
Zhīdào le, nǐ qù gōngzuò ba.

金小英 妈, 您多保重! Mā, nín duō bǎozhòng!

🔋 **단어**

不能…了 bù néng…le ~할 수 없을 것이다 | 在…呢 zài…ne ~하고 있는 중이다 | 可是 kěshì 그러나 | 事情 shìqing 일 | 没办法 méi bànfǎ ❶ 방법이 없다 ❷ 어쩔 수 없다 | 工作狂 gōngzuòkuáng 일벌레 | 又来了 yòu lái le 또 시작이야

13

1 임박태 (动作将要发生)

어떤 상황이 곧 변화하려고 하거나, 새로운 상황이 곧 발생하려고 할 때 쓰는 표현입니다. '곧 ~하려고 하다', '곧 ~할 것이다' 라고 해석합니다.

① 要…了

· 要下雨了。　Yào xiàyǔ le.

· 要上课了。　Yào shàngkè le.

· 小王要出国了。　XiǎoWáng yào chūguó le.

· 飞机要起飞了。　Fēijī yào qǐfēi le.

② 快(要)…了

객관적으로 봤을 때 어떤 상황이나 동작이 아주 빠른 시간 안에 발생하는 것을 나타냅니다.

· 快九点了。　Kuài jiǔ diǎn le.

· 衣服快干了。　Yīfu kuài gān le.

· 他毕业快三年了。　Tā bìyè kuài sān nián le.

· 天快要黑了。　Tiān kuàiyào hēi le.

· 那时候，你快要结婚了。　Nà shíhou, nǐ kuàiyào jiéhūn le.

· 足球赛快要开始了。　Zúqiúsài kuàiyào kāishǐ le.

· 快到周末了。　Kuài dào zhōumò le.

· 快到我的生日了。　Kuài dào wǒ de shēngrì le.

③ 就要…了

이 형식 앞에는 시간 명사로 된 부사어를 동반하여 문장 끝에 반드시 '了'가 옵니다. 주관적으로 느끼기에 일의 발생이나 출현이 아주 빠른 시간 안에 이루어진 것 같지만, 실제로는 일이 발생하는 데 걸린 시간이 길 수도 있습니다.

· 天就要黑了，咱们抓紧时间干吧。
Tiān jiùyào hēi le, zánmen zhuājǐn shíjiān gàn ba.

· 新的一年就要开始了。　Xīn de yì nián jiùyào kāishǐ le.

· 明天我就要回国了。 Míngtiān wǒ jiùyào huíguó le.

· 火车三点钟就要开了。 Huǒchē sān diǎn zhōng jiùyào kāi le.

④ 将要…了

서면어와 구어에 골고루 쓰이고, 문장 끝에 '了'를 안 붙일 수도 있습니다.

· 我们将要胜利了。 Wǒmen jiāngyào shènglì le.

· 这次会议将要在上海召开。 Zhècì huìyì jiāngyào zài shànghǎi zhàokāi.

[임박태의 의문형과 부정형]

· A ： 下星期你就要回国了吧？ Xià xīngqī nǐ jiùyào huíguó le ba?

B-1 ： 是。 | 对。 Shì. | Duì.

B-2 ： 还不知道呢。 | 还没定呢。
　　　　Hái bù zhīdào ne. | Hái méi dìng ne.

[tip] 과거의 사실에 임박태를 쓸 때는, 임박태의 형식에 '了'를 쓰지 않습니다.

· 去年他要来北京的时候，我正在上海。
Qùnián tā yào lái Běijīng de shíhou, wǒ zhèng zài Shànghǎi.

2 人家

· 这件事是人家告诉我的。 Zhè jiàn shì shì rénjia gāosu wǒ de.

· 这是小英的信，快给人家吧。 Zhè shì Xiǎo Yīng de xìn, kuài gěi rénjia ba.

· 人家等了半天了，你怎么才来？ Rénjia děng le bàntiān le, nǐ zěnme cái lái?

단어

出国 chūguó 출국하다 | 结婚 jiéhūn 결혼 | 周末 zhōumò 주말 | 抓紧 zhuājǐn 꽉 쥐다 | 回国 huíguó 귀국하다 | 胜利 shènglì 승리(하다) | 召开 zhàokāi (회의 따위를) 열다 | 定 dìng 정하다

15

Track 03

녹음을 잘 듣고 맞는 그림을 찾아 보세요.

1 Ⓐ _____ Ⓑ _____

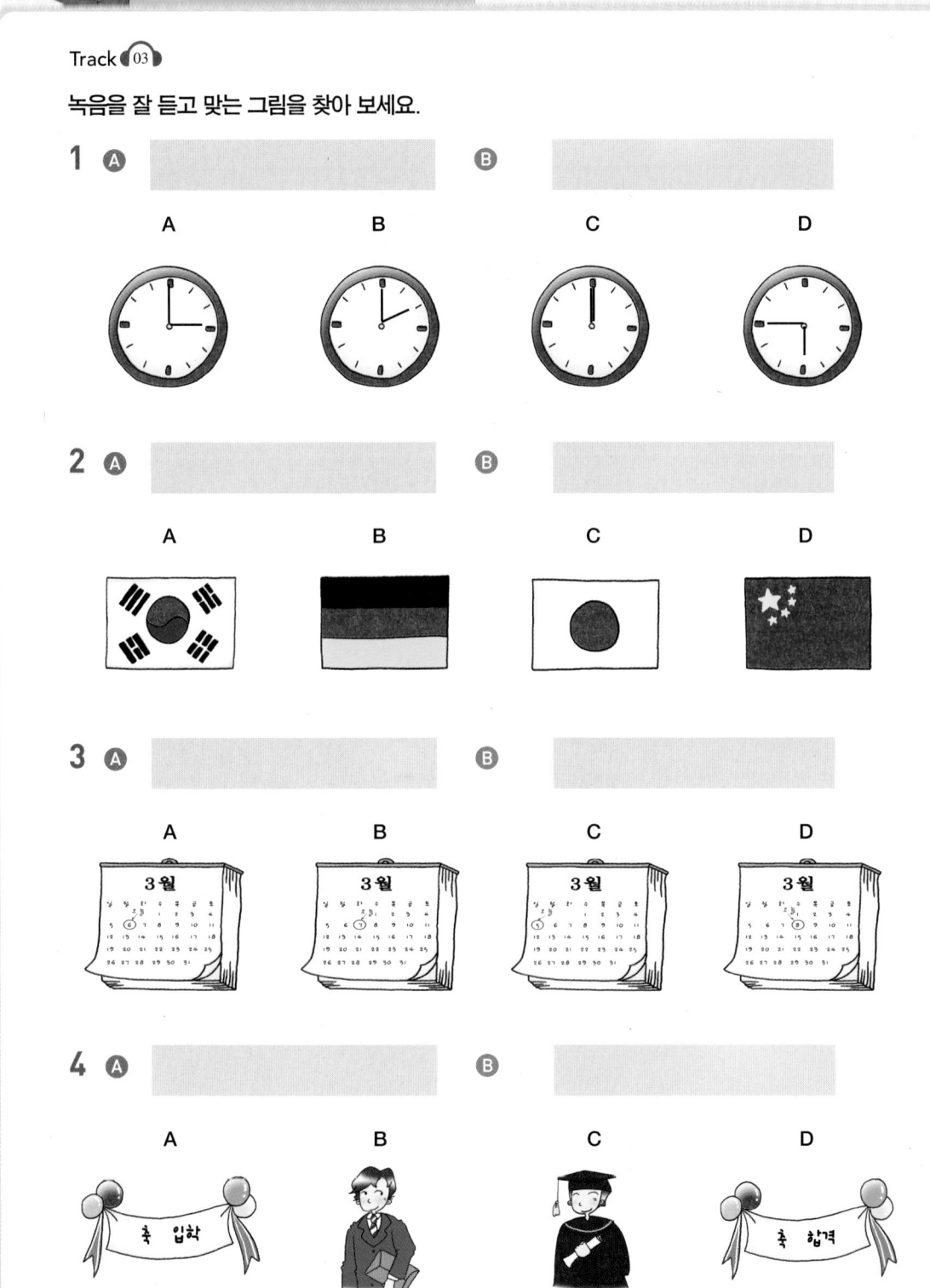

A B C D

2 Ⓐ _____ Ⓑ _____

A B C D

3 Ⓐ _____ Ⓑ _____

A 3월 B 3월 C 3월 D 3월

4 Ⓐ _____ Ⓑ _____

A 축 입학 B C D 축 합격

빈칸에 맞는 단어를 이용해 채우고 대화를 읽어 보세요.

(1)

Ⓐ 다음 주 你 곧~하다 回国了吧?

Ⓑ 还 모르다 呢。

(2)

Ⓐ 你快要 졸업 了吧?

Ⓑ 2월 20일에 졸업합니다 。

(3)

Ⓐ 飞机什么时候 이륙하다 ?

Ⓑ 30분 후에 飞机就要起飞了。

(4)

Ⓐ 要下雨了, 빨리 가자 吧。

Ⓑ 哈哈, 我 우산 갖고 있다 了。

단어

下星期 xiàxīngqī 다음 주 | 毕业 bìyè 졸업(하다) | 起飞 qǐfēi 이륙하다 | 伞 sǎn 우산 | 带 dài ❶ (몸에)
지니다 ❷ 휴대하다

다음 단어의 맞는 자리를 찾아 주세요.

(1) 就要

    A 火车   B 五点钟   C 开   D 了

(2) 了

    我 A 带   B 两   C 只   D 伞

(3) 将要

    这次 A 会议   B 在   C 上海   D 召开

(4) 能

    今年 A 我   B 不   C 回去   D 了

문장을 해석하고, 문장에서 틀린 부분을 찾아 바르게 고치세요.

(5) 你认识你今年多大了吧?

해석:

(6) 我去得工作了。

해석:

(7) 人家等了半天了, 你怎么就来?

해석:

(8) 夏天要到了嘛。

해석:

HSK 写作

다음을 중국어로 써 보세요.

1 그는 아직 일을 찾지 못했다. (找到)

2 새로운 한 해가 곧 시작된다.

3 괜찮아요. 저는 우산을 갖고 왔어요. (带)

4 작년에 그가 베이징에 오려고 했을 때, 나는 상하이에 있었다. (正在)

5 농구 시합이 곧 시작될 거야. (要…了)

6 李娜는 곧 오니? (就要…了)

7 가을이 되려고 해. (要…了)

8 내일 나 귀국해. (要…了, 回国)

단어

找 zhǎo ❶ 찾다 ❷ 구하다 | 带 dài 지니다, 휴대하다 | 秋天qiūtiān 가을

일어나기

闹钟 자명종
nàozhōng

关(上)闹钟 자명종을 끄다
guān(shang) nàozhōng

懒腰 기지개
lǎnyāo

哈欠 하품
hāqian

起来 일어나다
qǐlái

窗帘 커튼, 블라인드
chuānglián

整理床铺 침대를 정리하다
zhěnglǐ chuángpù

脱睡衣 잠옷을 벗는다
tuō shuìyī

20

我们来看看你。

당신을 보러 왔어요.

학습목표

1 동사 중첩과 형용사 중첩에 대해 공부합
  니다.

2 '有点儿'과 '一点儿'에 대해 비교 분석
  해 봅니다.

Track 05

01

A : 你看看他怎么样?
Nǐ kànkan tā zěnmeyàng?

B : 哇! 帅呆了!
Wā! Shuàidāi le!

02

A : 那个鼻子高高的人是谁?
Nà ge bízi gāogāo de rén shì shéi?

B : 谁? 啊! 是我表哥。
Shéi? À! Shì wǒ biǎogē.

03

A : 今天冷不冷?
Jīntiān lěng bu lěng?

B : 今天有点儿冷。
Jīntiān yǒudiǎnr lěng.

04

A : 先生, 你想吃点儿什么?
Xiānsheng, nǐ xiǎng chī diǎnr shénme?

B : 我想吃点儿面条。
Wǒ xiǎng chī diǎnr miàntiáo.

단어

看 kàn 보다 | 哇 wā 와! | 帅呆了 shuàidāi le 너무 멋지네! | 鼻子 bízi 코 | 表哥 biǎogē 사촌 오빠(형)
冷 lěng 춥다 | 有点儿 yǒudiǎnr 약간 | 先生 xiānsheng 선생, 씨(성인 남자에 대한 존칭) | (一)点儿
yìdiǎnr 조금 | 面条 miàntiáo 국수

22

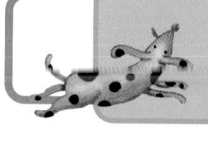 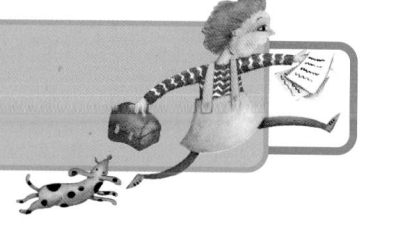

▸▸ 李珉과 王明이 金小英에게 병문안을 간다.

| 金小英 | 哟！你们怎么来了？ |
| | Yō! Nǐmen zěnme lái le? |

| 李珉 | 听说你病了，我们来看看你。 |
| | Tīngshuō nǐ bìng le, wǒmen lái kànkan nǐ. |

| 金小英 | 你们来这儿坐坐，家里挺乱的。 |
| | Nǐmen lái zhèr zuòzuo, jiāli tǐng luàn de. |

| 王明 | 小金，怎么样了？今天好点儿了吗？ |
| | Xiǎo Jīn, zěnmeyàng le? Jīntiān hǎo diǎnr le ma? |

金小英	下午还觉得有点儿不舒服，
	Xiàwǔ hái juéde yǒudiǎnr bù shūfu,
	刚才一看你们就不疼了。
	gāngcái yí kàn nǐmen jiù bù téng le.

| 李珉 | 哈哈。还行，你还能开玩笑嘛。 |
| | Hāhā. Hái xíng, nǐ hái néng kāi wánxiào ma. |

| 金小英 | 你们喝点儿茶吧。我来泡一泡。 |
| | Nǐmen hē diǎnr chá ba. Wǒ lái pào yi pào. |

王明	不用了。我们马上就回公司。
	Bú yòng le. Wǒmen mǎshàng jiù huí gōngsī.
	你好好儿休息休息吧。
	Nǐ hǎohāor xiūxixiūxi ba.

| 金小英 | 谢谢，哥儿们！ |
| | Xièxie, gērmen! |

 단어

听说 tīngshuō 듣자 하니 ┃ 坐 zuò ❶ 앉다 ❷ (탈것에) 타다 ┃ 挺…的 tǐng…de 대단히 ~하다 ┃ 好点儿
了 hǎo diǎnr le 조금 나아지다 ┃ 觉得 juéde ~라고 느끼다 ┃ 舒服 shūfu 편하다 ┃ 刚才 gāngcái 방금 ┃
开玩笑 kāi wánxiào 농담하다 ┃ 泡 pào (마시러) 사를 타다 ┃ 休息 xiūxi 쉬다

23

어법배우기

1 형용사 중첩

형용사를 중첩하면 말이 생동감 있게 되고, 뜻이 강조됩니다.

단음절 형용사의 중첩

AA: 大大 dàdà 크다   长长 chángcháng 길다   轻轻(儿) qīngqīng(r) 가볍다

▶ 술어·관형어. 그대로 발음하고 '的'을 붙입니다.

早早(儿) zǎozāor 일찌감치, 일찍부터, 빨리   好好(儿) hǎohāor 좋다, 괜찮다

▶ 부사. 둘째 음절은 1성으로 읽고, 뒤에 '儿'을 붙이기도 합니다.

ABB: 干巴巴 gānbābā 말라서 딱딱하다, 건조하다, 무뚝뚝하다

气呼呼 qìhūhū 잔뜩 화가 나서 식식거리다

★ 단음절 형용사의 중첩은 부사어와 관형어, 술어로 쓰입니다.

· 你好好儿(地)学习吧。 Nǐ hǎohāor (de) xuéxí ba.

· 圆圆的月亮   Yuányuán de yuèliang

· 他的眼睛大大的。 Tā de yǎnjing dàdà de.

이음절 형용사의 중첩

AABB: 干干净净 gāngan-jìngjìng 깨끗하다   痛痛快快 tòngtong-kuàikuài 통쾌하다

高高兴兴 gāogao-xìngxìng 즐겁다

▶ 둘째 음절을 경성으로 읽습니다.

ABAB: 雪白雪白 xuěbái xuěbái 희디희다   通红通红 tōnghóng tōnghóng 새빨갛다

★ 이음절 형용사의 중첩형은 관형어와 부사어, 술어로 쓰입니다.

· 她把房间打扫得干干净净。 Tā ba fángjiān dǎsǎo de gāngan-jìngjìng.

· 整整齐齐的书架上放着很多书。
Zhěngzheng-qíqí de shūjià shang fàng zhe hěn duō shū.

▶ 이음절 형용사가 부사어로 쓰일 때, 앞에 이미 다른 부사어가 나와 있으면 반드시 '地'를 씁니다.

· 他非常认真地工作。 Tā fēicháng rènzhēn de gōngzuò.

2 **동사중첩**

동사를 중첩하면 '동작이 일어나는 시간이 짧다', '한번 시도해 보다', '동작이 가볍다'의 의미가 됩니다.

단음절 동사의 중첩

> AA: 看看 kànkan 한번 보다   想想 xiǎngxiang 생각해 보다   说说 shuōshuo 말해 보다
>
> ▶ 이 때 둘째 음절을 경성으로 읽습니다.
>
> A一A: 看一看 kàn yi kàn 한번 보다   想一想 xiǎng yi xiǎng 생각해 보다
>
>   说一说 shuō yi shuō 말해 보다
>
> A了A: 看了看 kàn le kàn 한번 보았다   想了想 xiǎng le xiǎng 생각해 보았다
>
> AA看: 试试看 shìshi kàn 시험해 보다   问问看 wènwen kàn 물어 보다

· 你看看这是什么? Nǐ kànkan zhè shì shénme?

· 我想了想，可还是不知道。 Wǒ xiǎnglexiǎng, kě háishi bù zhīdào.

이음절 동사의중첩

> AA : 商量商量 shāngliang shāngliang 의논해 보다   研究研究   yánjiu yánjiu 연구해 보다
>
> ▶ 이때 둘째, 넷째 음절을 경성으로 읽습니다.
>
> AB了AB : 商量了商量 shāngliang le shāngliang   의논해 보았다
>
>   研究了研究   yánjiu le yánjiu   연구해 보았다

· 我得跟老总商量商量。 Wǒ děi gēn lǎozǒng shāngliang shāngliang.

3 **一点儿 과 有(一)点儿**

一点儿   : 수량이 아주 적음을 나타내며, 형용사 뒤에서 수량보어로 쓰이거나, 명사 앞
     에서 관형어로 쓰입니다. '一'는 생략할 수 있습니다.

有(一)点儿: 동사나 동사구 앞에 쓰여 부사어 역할을 하며, 이때 정도가 가벼움을 나타냅
     니다.

· 我想买(一)点儿苹果。 Wǒ xiǎng mǎi (yì)diǎnr píngguǒ.

· 今天我有点儿累。 Jīntiān wǒ yǒudiǎnr lèi.

단어

圆圆 yuányuán 매우 둥글다 | 打扫 dǎsǎo 청소하다 | 书架 shūjià 책꽂이 | 苹果 píngguǒ 사과 | 果 kǒ 과른하나

HSK 听力

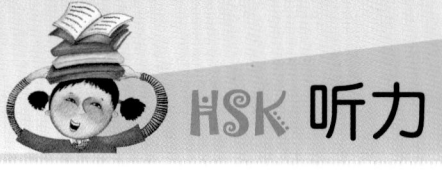

Track 07

녹음을 잘 듣고 맞는 그림을 찾아 보세요.

1 Ⓐ ______ Ⓑ ______

A

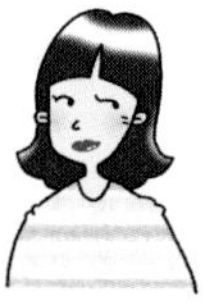

B

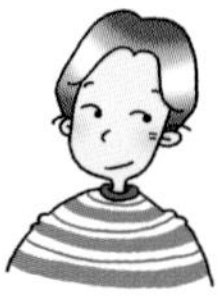

C

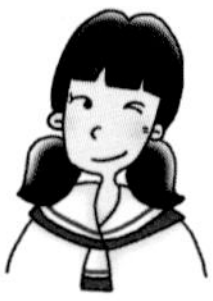

D

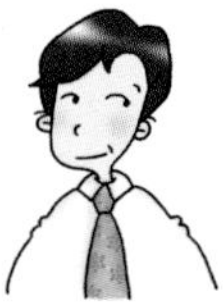

2 Ⓐ ______ Ⓑ ______

A

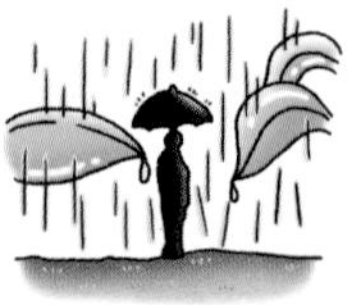

B

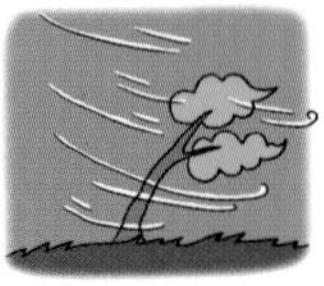

C

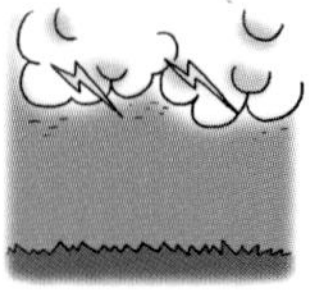

D

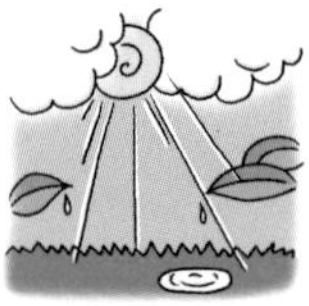

3 Ⓐ ______ Ⓑ ______

A

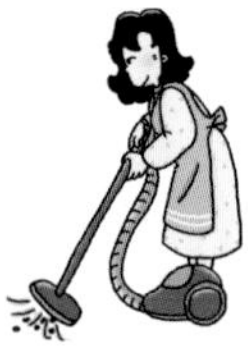

B

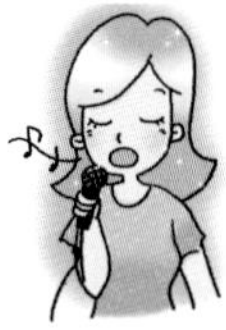

C

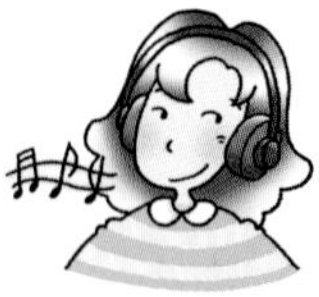

D

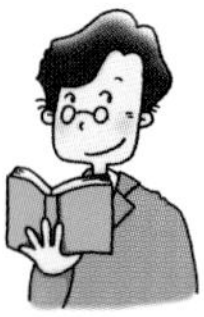

4 Ⓐ ______ Ⓑ ______

A

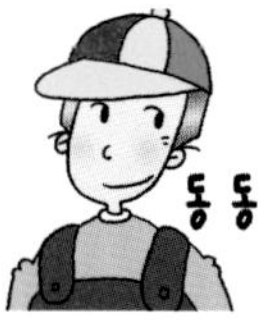

B

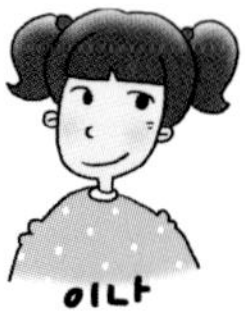

C

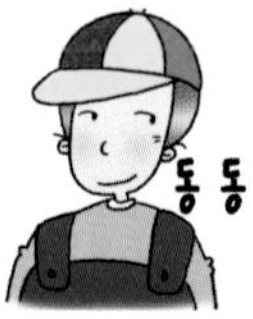

D

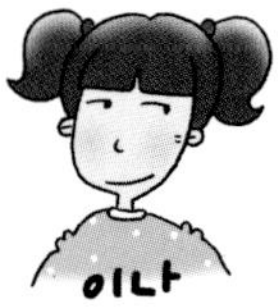

빈칸에 맞는 단어를 채우고 대화를 읽어 보세요.

(1)

Ⓐ 先生，你 ~하고 싶다 喝点儿什么?

Ⓑ 我 ~하고 싶다 喝点儿 커피 。

(2)

Ⓐ 你 좀 보세요(중첩) 他怎么样?

Ⓑ 와! 帅呆了!

(3)

Ⓐ 今天好 약간 了吗?

Ⓑ 我 ~라고 느끼다 好多了。

(4)

Ⓐ 아무것도 不喝你就要走了?

Ⓑ 我马上就回 회사 。

 단어

想 xiǎng ~하고 싶다 │ 看看 kànkan (물건이나 모양을) 보다, 살펴보다 │ 帅呆了 shuàidāi le 너무 멋지다 │
觉得 juéde ~라고 느끼다

다음 단어의 맞는 자리를 찾아 주세요.

(1) 点儿

你　A　想　　B　吃　　C　什么　　D

(2) 地

　A　他　　B　非常　　C　认真　　D　工作

(3) 高高兴兴

　A　大家　　B　地　　C　回　　D　家了

(4) 来

　A　我们　　B　看　　C　看　　D　你

문장을 해석하고, 문장에서 틀린 부분을 찾아 바르게 고치세요.

(5) 长长地船，圆圆的月亮。

해석:

(6) 他的眼睛大大。

해석:

(7) 这个问题你们在研研究究。

해석:

(8) 我想想了，可还是不知道。

해석:

다음을 중국어로 써 보세요.

1 맛 좀 봐. 이거 내가 만든 거야. (尝一尝)

2 오늘은 조금 춥습니다. (有点儿)

3 아름다운 방 안에 사람들이 많이 있습니다. (漂漂亮亮)

4 그의 눈은 아주 커요. (眼睛)

5 봐라. 저 사람 너하고 너무 많이 닮았어. (像)

6 이 문제는 연구를 좀 해 봐야 합니다. (研究研究)

7 이 옷은 조금 큽니다. (一点儿)

8 그녀는 아주 열심히 공부를 합니다. (认真)

단어

尝 cháng 맛보다 | 有点儿 yǒudiǎnr 약간 | 漂亮 piàoliang 예쁘다 | 像 xiàng 닮다 | 研究 yánjiu 연구(하다) | 一点儿 yìdiǎnr 조금 | 认真 rènzhēn 진지(하다)

자위관(嘉峪关) 소개

자위관 시(嘉峪关市)는 간쑤성 서북부 하서주랑 중간에 위치해 있는 도시로 남쪽으로 장액 지구, 동쪽·북쪽·서쪽으로 주천 지구와 인접해 있다. 자위관은 만리장성의 가장 서쪽에 있는 관문으로 옛날부터 '황허(黄河) 서쪽 지방의 요충지'라고 불리었다. 자위관 근처에 이 이름에서 유래된 자위관 시가 있는데, 길이 넓고 깨끗하게 잘 정비된 중소 공업 도시다.

자위관 시의 주요 볼거리로는 가욕관 관성(嘉峪关关城), 현벽장성(悬壁长城), 장성제일돈(长城第一墩), 장성박물관(长城博物馆), 흑산암화(黑山岩画), 위진묘군(魏晋墓群)과 세계 제2의 활공 기지가 있다. 관광 상품으로는 과벽풍우석(戈壁风雨石), 야광배(夜光杯), 가욕관석연(嘉峪关石砚), 타융화(驼绒画) 등이 있다.

자위관의 볼거리

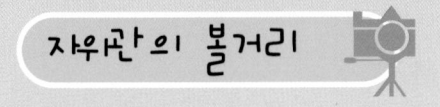

자위관 관청 (嘉峪关关城, 가욕관 관성)

명 홍무 5년(1372년)부터 짓기 시작한 자위관 관청은 해발 1700여 m 산중의 험준한 지세 위에 세워진 웅장한 건축물로 "천하제일웅관(天下第一雄关)"으로 칭해지고 있다. 성은 전체적으로 토벽으로 이루어진 내성과 벽돌을 쌓아 만든 외성의 이중으로 이루어져 있으며 전체적으로 군사 방위 체계 구조로 되어 있다. 현재는 내성이 중심 성으로서 주변 둘레는 640m이고 면적은 2만5천 평방미터, 높이는 10.7m이다. 내성의 동쪽과 서쪽에 문이 있는데, 동쪽의 문은 "광화문"으로 '상서로운 기운이 동쪽에서 일어나 광휘가 두루 비춘다'는 의미를 갖고 있으며 서쪽의 "유원문"은 '회유로써 서쪽의 변방까지 안정시킨다'는 의미를 지니고 있다. 광화문과 유원문 밖으로는 옹성이 둘러싸여 보호하고 있으며 자위관 내성 장벽 위에는 성루와 망루, 갑문루 등 모두 14채가 배치되어 있다. 자위관 관청은 만리장성의 수많은 관성 중 보존이 가장 잘 되어 있는 것 중 하나이다.

▲ 자위관 관청 전경

▶ 완리창청 디이둔 (万里长城第一墩, 만리장성 제일돈)

완리창청 디이둔(天万里长城第一墩)은 천하제일돈(天下第一墩)이라고도 하며 자위관 관청에서 남쪽으로 7km 되는 곳에 위치해 있다. 명대 가정 18년(1539년)에 축조되었다. 본래 길이 너비 높이가 모두 14m인 정방형이었으나, 일부 암벽이 풍화로 무너져서 현재 성벽에 의지하여 서 있는 모습이 위험하기 짝이 없다. 완리창청 디이둔의 보존을 위해 자위관 시 정부에서 자금을 투자하여 옛 장성 성벽을 복원하여 현재는 북측 30여m를 축조하였다.

▲ 완리창청 디이둔

자위관의 먹거리

전국 각지의 음식에 조예가 깊은 요리사들이 이곳에서 그들의 기술을 교류하며, 원래의 이 지방 전통 음식에 여러 지방의 백미(百味)들을 첨가하며 자위관의 음식 발전은 매우 빠르게 진행되었다. 이곳의 대표적인 간식거리로는 추오위미엔(搓鱼面), 샤구어(砂锅), 훈툰(馄饨) 등이 있으며 전싱(振兴)시장과 징톄루(镜铁路) 거리에 가면 이러한 자위관의 음식들을 고루 맛볼 수 있다. 또한 여름에는 둥루(东路)에 미식 시장이 들어서서 특색있는 자위관의 음식을 맛볼 수 있으며, 동시에 야시장에서 가능한 색다른 구경들도 할 수 있다. 이 밖에도 자위관 시내에는 깨끗하면서도 고풍스러운 분위기의 음식점이 많이 있어 전통 고급 요리 역시 즐길 수 있다.

자위관의 기념품

자위관 시내에서 쇼핑을 하고자 한다면 신화베이루(新华北路)에 있는 우의상점(友谊商店)이 가장 편리하다. 이곳의 주요 상품은 보석 장신구와 공예 미술품 등으로 이곳 특산품인 흑산석 도장, 가욕석 벼루, 낙타털로 짠 그림, 문방사우, 여행용품 등 2,000여 종이나 된다. 이곳의 각종 미술 공예품들은 그 풍격이 독특하고 조형이 정교하며 모두가 정품들이라 안심하고 쇼핑할 수 있다. 시내 길거리에 있는 노점상에서는 규격화된 상점에서는 맛볼 수 없는 특색 있는 풍물들을 만날 수 있으나 불량품도 많기 때문에 흥정에 앞서 물건의 품질을 잘 따져 봐야 한다.

목욕하기

脱衣服 옷을 벗는다
tuō yīfu

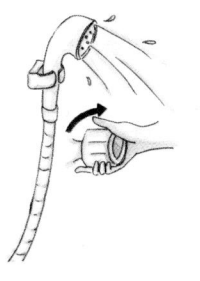

打开淋浴器 샤워기의 물을 틀다
dǎkāi línyùqì

肥皂 비누
féizào

把头发弄湿 머리에 물을 적시다
bǎ tóufa nòngshī

洗发精 샴푸
xǐfàjīng

护发素 린스
hùfàsù

冲头发 머리를 헹구다
chōng tóufa

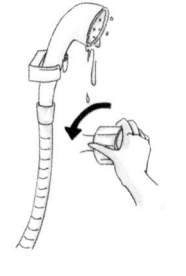

关淋浴器 샤워기를 잠그다
guān línyùqì

吹风机 헤어드라이어
chuīfēngjī

你吃过中国菜吗?

중국 음식 먹어 본 적 있어요?

학습목표

1 술어 뒤에 쓰여 '과거에 ~한 적이 있다' 의 뜻을 나타내는 조사 '过' 에 대해 공부 합니다.

2 어떤 동작을 '몇 번 했다' 라는 것을 알려 주는 동량보어(动量补语) '遍' · '次' · '下' 에 대해 알아봅니다.

기본회화

Track 09

01

A : 你去过中国吗？
　　Nǐ　qùguo　Zhōngguó ma?

B : 我没去过中国，去过美国。
　　Wǒ méi qùguo Zhōnggúo,　qùguo Měiguó.

02

A : 你吃过几次中国菜？
　　Nǐ　chīguo　jǐ　cì　Zhōngguócài?

B : 我吃过三、四次。
　　Wǒ chīguo　sān, sì　cì.

03

A : 你看过《加勒比海盗3》吗？
　　Nǐ　kànguo　<Jiālēibǐ hǎidào sān>　ma?

B : 我已经看过三遍了。
　　Wǒ　yǐjing　kànguo　sān biàn le.

04

A : 你见过他没有？
　　Nǐ　jiànguo　tā　méiyoǔ?

B : 我从来没见过他。
　　Wǒ cónglái méi jiànguo　tā.

 단어

几 jǐ 몇 | 次 cì 번 | 中国菜 Zhōngguócài 중국 음식 | 加勒比海盗3 Jiālēibǐ hǎidào sān 캐리비안의 해적 3 (할리우드 영화) | 已经…了 yǐjing…le 이미 ~했다 | 遍 biàn 번 | 见 jiàn 만나다 | 从来 cónglái 여태껏, 이 제까지

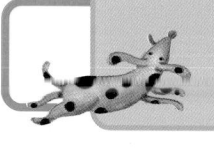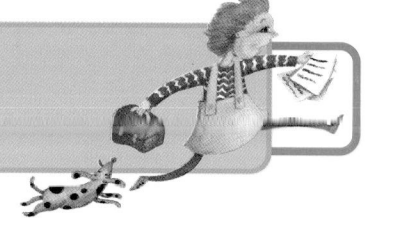

상황 호화

Track 10

▶ 학교 식당(食堂)에서 李娜와 그녀의 친구들이 점심을 먹으며 수다를 떨고 있다.

同学　李娜，你去过中国吧？
　　　Lǐ Nà,　　nǐ qùguo Zhōngguó ba?

李娜　嗯，去过两次。
　　　Ng,　qùguo liǎng cì.

同学　中国菜怎么样？ 听说，中国菜很油腻，是吗？
　　　Zhōngguócài zěnmeyàng?　Tīngshuō,　Zhōngguócài hěn yóunì,　shì ma?

李娜　有的觉得油腻，不过也有清淡的。
　　　Yǒude juéde yóunì,　búguò yě yǒu qīngdàn de.

同学　你觉得哪儿的菜好吃？东北的还是四川的？
　　　Nǐ juéde nǎr de cài hǎochī?　Dōngběi de háishi Sìchuān de?

李娜　两个地方的菜都很好吃。
　　　Liǎng ge dìfang de cài dōu hěn hǎochī.

同学　在首尔有中国人开的餐厅吗？
　　　Zài Shǒu'ěr yǒu Zhōngguórén kāi de cāntīng ma?

李娜　有。很多呢。
　　　Yǒu. Hěn duō ne.

同学　下次一起去尝尝，怎么样？
　　　Xiàcì yìqǐ qù chángchang, zěnmeyàng?

李娜　好哇。Hǎo wa.

단어

听说 tīngshuō 듣자 하니 | 油腻 yóunì 느끼하다 | 有的 yǒude 어떤 것은 | 不过 búguò 하지만 | 清淡
qīngdàn 담백하다 | 好吃 hǎochī 맛 좋다 | 东北 Dōngběi 동북 지방 | 四川 Sìchuān 사천 지방 | 地方 dìfang
곳, 장소 | 首尔 Shǒu'ěr 서울 | 开 kāi ❶ 열다 ❷ 영업하다 ❸ 운전하다 | 餐厅 cāntīng 식당

35

1 동태조사 过

동태조사 '过'는 '과거에 ~한 적이 있다'라는 뜻으로, 과거의 '경험'을 나타냅니다. 부사 '曾(经)'을 동반하기도 하고, 동량보어 '次', '遍', '下'도 자주 동반합니다.

[긍정형]

★ 주어＋(부사어)＋동사＋'过'＋(동량보어)＋목적어

· 我去过北京。 Wǒ qùguo Běijīng.

· 他曾经看过两遍。 Tā céngjīng kànguo liǎng biàn.

· 我吃过三次中国菜。 Wǒ chīguo sān cì zhōngguócài.

★ 주어＋(부사어)＋동사＋'过'＋인칭대명사＋(동량보어)

· 去年我见过他一次。 Qùnián wǒ jiànguo tā yí cì.

· 不认识了吗？我还抱过你呢! Bú rènshi le ma? Wǒ hái bàoguo nǐ ne!

★ 전치목적어＋주어＋동사＋'过'＋(동량보어)

· 这部电影我看过两遍。 Zhè bù diànyǐng wǒ kànguo liǎng biàn.

· 早饭我已经吃过了。 Zǎofàn wǒ yǐjing chīguo le.

[의문형과 부정형]

A ： 你见过他吗？ Nǐ jiànguo tā ma?

B-1 ： 没见过。 Méi jiànguo.

B-2 ： 我从来没见过他。 Wǒ cónglái méi jiànguo tā.

A ： 你喝过青岛啤酒没有？ Nǐ hēguo Qīngdǎo píjiǔ méiyǒu?

B-1 ： 我没喝过。 Wǒ méi he guo.

B-2 ： 我还没喝过青岛啤酒。 Wǒ hái méi hēguo Qīngdǎo píjiǔ.

2 동량보어 次 · 遍 · 下

동량보어는 '수사+동량사'로 만들어지고, 동사 술어 뒤에 와서 '동작의 횟수'를 나타냅니다. 목적어가 인칭대명사(我 · 你 · 他 · 她)일 경우 동량보어는 목적어 뒤에 놓입니다.

① 次(번) – 가장 많이 쓰이는 동량보어로, 단순한 '횟수'를 나타냅니다.

· 大哥去过三次日本。　Dàgē qùguo sān cì Rìběn.

· 我见过她一次。　Wǒ jiànguo tā yícì.

② 遍(번) – 보통 처음부터 끝까지를 다 해야 '한 번'이라고 간주하는 동작에 씁니다.
　　　　　주로 '영화', '말', '책', '음악' 등에 쓰입니다.

· 他问了我好几遍。　Tā wènle wǒ hǎo jǐ biàn.

· 这首歌我听过好多遍。　Zhè shǒu gē wǒ tīngguo hǎo duō biàn.

③ 下(번, 차례) – 동작의 횟수를 나타냅니다.
　　　　　술어+'一下儿'의 고정 형식으로 쓰여 동사를 중첩했을 때처럼
　　　　　'좀 ~하다'의 뜻을 나타냅니다.

· 他敲了一下门。　Tā qiāole yíxià mén.

· 她又前前后后想了一下。　Tā yòu qiánqianhòuhòu xiǎngle yíxià.

· 你得帮帮我，帮我一下。　Nǐ děi bāngbang wǒ, bāng wǒ yíxià.

· 你们再考虑一下，好吗？　Nǐmen zài kǎolǜ yíxià, hǎo ma?

> **단어**
>
> 曾经 céngjīng 일찍이, 이전에, 이미 | 抱 bào 안다, 포옹하다 | 早饭 zǎofàn 아침밥 | 青岛啤酒 Qīngdǎo Píjiǔ 칭다오 맥주〔상표명〕| 首 shǒu 수〔시 · 글 · 노래 따위를 세는 양사〕| 考虑 kǎolǜ 고려하다

Track ⟨11⟩

녹음을 잘 듣고 맞는 그림을 찾아 보세요.

1 Ⓐ ▭▭▭▭▭▭ Ⓑ ▭▭▭▭▭▭

A	B	C	D
3번	4번	5번	6번

2 Ⓐ ▭▭▭▭▭▭ Ⓑ ▭▭▭▭▭▭

A    B    C    D

3 Ⓐ ▭▭▭▭▭▭ Ⓑ ▭▭▭▭▭▭

A    B 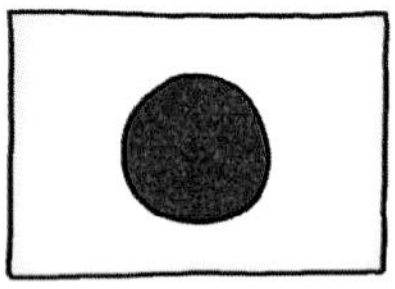   C    D

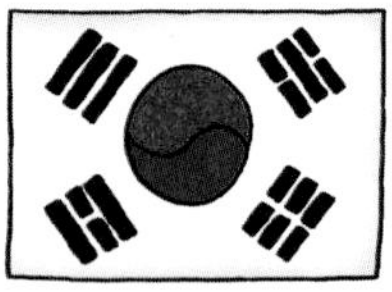

4 Ⓐ ▭▭▭▭▭▭ Ⓑ ▭▭▭▭▭▭

A    B    C    D

HSK 口语

빈칸에 맞는 단어를 동태조사 过와 동량보어를 이용해 채우고 대화를 읽어 보세요.

(1)

Ⓐ 你 가 본 적 있다 黄山吗?

Ⓑ 我 가 본 적 없다 黄山,

只 가 본 적 있다 长城。

(2)

Ⓐ 你 먹어 본 적 있다 中国菜吗?

Ⓑ 아직 먹어 보지 않았다 中国菜。

(3)

Ⓐ 你 만난 적 있다 她吗?

Ⓑ 嗯，我 만난 적 있다 她 한 번 。

(4)

公

Ⓐ 这个汉字你 배운 적 있다 了吗?

Ⓑ 这个汉字我 배운 적 있다 了 。

단어

黄山 Huángshān 황산 | 长城 Chángchéng 만리장성 | 汉字 Hànzì 한자

다음 단어에 맞는 자리를 찾아 주세요.

(1) 过

　　我　A　吃　B　三　　C　次　　D　中国菜

(2) 没

　　我　A　从来　　B　见　C　过　　D　他

(3) 次

　　大哥　A　去　B　过　　C　三　　D　日本

(4) 下

　　他　A　敲　B　了　　C　一　D　门

문장을 해석하고, 문장에서 틀린 부분을 찾아 바르게 고치세요.

(5) 你在这儿我等一下。

　　해석:

(6) 你知道谁去日本吗?

　　해석:

(7) 这部电影，我看过好多了。

　　해석:

(8) 你吃过烤鸭没有了?

　　해석:

다음을 중국어로 써 보세요.

1 중국에 오기 전에 저는 중국어를 배운 적이 없습니다.

2 너 그 사람 몇 번이나 만났어?

3 나는 황산에 올라 본 적이 없다.   (爬)

4 그 사람은 문을 한 번 두드렸습니다.   (敲)

5 이 소설을 제 여동생은 여러 번 읽었습니다.   (多遍)

6 너 만리장성에 가 본 적 있어?

7 나는 중국 요리를 세 번 먹어 봤어요.   (菜)

8 너 맥주 마셔 봤어?   (啤酒)

 단어

爬 pá 기어오르다 ｜ 敲 qiāo 두드리다 ｜ 多遍 duōbiàn 여러 번 ｜ 菜 cài 요리 ｜ 啤酒 píjiǔ 맥주

脸盆 세면대

liǎnpén

放水 물을 받다

fàng shuǐ

擦 (수건 따위로) 닦다

cā

洗干净 깨끗이 씻다

xǐ gānjìng

挤牙膏 치약을 짜다

jǐ yágāo

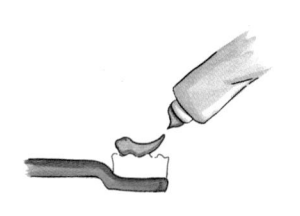

涂 바르다

tú

漱口 입 안을 헹구다

shùkǒu

吐水 물을 뱉다

tǔ shuǐ

PART 04

她穿着牛仔裤。

그녀는 청바지를 입고 있어요.

학습목표

1 술어 뒤에 쓰여 어떠한 동작이나 상태가 지속되고 있음을 나타내는 동태조사 (动态助词) '着'에 대해 공부합니다.

2 두 개의 단어나 구가 동일 사물을 나타내는 '동격어'에 대해 살펴봅니다.

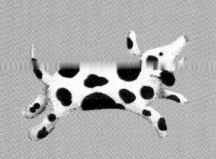

기본회화

Track 13

01

A : 你看看门开着没有？
　　Nǐ　kànkan　mén　kāi zhe　méiyǒu?

B : 没开着。
　　Méi kāi zhe.

02

A : 小英她穿着什么呢？
　　XiǎoYīng tā　chuān zhe　shénme　ne?

B : 她穿着牛仔裤。
　　Tā　chuān zhe　niúzǎikù.

03

A : 桌子上放着什么东西？
　　Zhuōzi shang fàng zhe　shénme　dōngxi?

B : 桌子上放着几本书。
　　Zhuōzi shang fàng zhe　jǐ　běn　shū.

04

A : 我们怎么去公园？
　　Wǒmen　zěnme　qù gōngyuán?

B : 公园离这儿很近，我们走着去吧。
　　Gōngyuán lí　zhèr　hěn jìn,　wǒmen　zǒu zhe　qù　ba.

단어

门 mén 문 | 开 kāi 열다 | 着 zhe 술어 뒤에 쓰여 동작이나 상태의 지속을 나타냄 | 穿 chuān 입다 | 牛仔裤 niúzǎikù 청바지 | 桌子 zhuōzi 책상, 탁자 | 放 fàng 놓다 | 本 běn 권(책을 세는 양사) | 书 shū 책 |
公园 gōngyuán 공원

44

상황 회화

▸ 여자의 옷 욕심은 무죄다. 金小英 참새가 방앗간을 어찌 그냥 지나치랴!

金小英　你看，门口写着"店内服装打七折"，
　　　　　Nǐ kàn,　ménkǒu xiě zhe　diànnèi fúzhuāng dǎ　qī zhé,

　　　　　进去看看吧。jìnqù kànkan ba.

小朴　　你的衣服那么多，还要买呀？
　　　　　Nǐ de　yīfu　nàme duō,　hái yào mǎi ya?

金小英　哎！看看又不要钱嘛。
　　　　　Āi!　Kànkan yòu　bú yào qián ma.

小朴　　你这个人真是的。
　　　　　Nǐ zhè ge rén zhēnshi de.

(在商店里：가게 안에서)

金小英　哎，这条裤子怎么样？
　　　　　Āi,　zhè tiáo　kùzi　zěnmeyàng?

小朴　　看着还可以。Kàn zhe hái kěyǐ.

售货员　那边有更衣室，您去试一试。
　　　　　Nàbiān yǒu　gēngyīshì,　nín qù　shìyishì.

小朴　　我帮你拿着包，你去试吧。
　　　　　Wǒ bāng nǐ　ná zhe bāo,　nǐ qù shì ba.

门口 ménkǒu 입구 | 写 xiě 쓰다 | 店 diàn 상점 | 服装 fúzhuāng 의류 | 折 dǎzhé 할인하다 | 进去 jìnqù 들어가다 | 又 yòu ~한다고 해서 | 嘛 ma ~잖아요 | 真是的 zhēnshi de 정말로, 참 | 商店 shāngdiàn 상점 | 条 tiáo 가늘고 긴 것을 나타내는 양사(量词) | 看着 kàn zhe 보기에 | 还可以 hái kěyǐ 그럭저럭 | 更衣室 gēngyīshì 탈의실 | 试 shì 시험하다, 시험 삼아 해 보다 | 帮 bāng 돕다 | 拿 ná ❶ 들다 ❷ 가지고 가다 | 包 bāo 가방

45

1 동태조사(动态助词) 着

동태조사 '着'는 술어 뒤에 쓰여, 어떠한 동작이나 상태가 지속되고 있음을 나타냅니다.

① '着'가 동사 술어 뒤에 쓰여 어떠한 동작이 지속되고 있음을 나타내는 경우

· 第二班的同学在学校门口站着 。
Dì èr bān de tóngxué zài xuéxiào ménkǒu zhàn zhe.

· 你先在下边等着。 Nǐ xiān zài xiàbiān děng zhe.

② '着'가 진행 부사 '正, '正在', '在' 등과 호응하여 동작이 한참 진행되고 있음을 나타내는 경우

· 外面在下着大雨。 Wàimian zài xià zhe dàyǔ.

· 我正写着信呢。 Wǒ zhèng xiě zhe xìn ne.

· 比赛正在激烈地进行着 。 Bǐsài zhèngzài jīliè de jìnxíng zhe.

③ '着'가 동사 술어 · 형용사 술어 뒤에 쓰여 어떠한 상태가 지속되고 있음을 나타내는 경우

· 他还发着烧呢，不能去上班 。
Tā hái fā zhe shāo ne, bù néng qù shàngbān.

· 办公室里的灯一直亮着 。 Bàngōngshì li de dēng yìzhí liàng zhe.

· 老师今天穿着一件红毛衣 。 Lǎoshī jīntiān chuān zhe yí jiàn hóng máoyī.

④ '着'가 두 개의 동사 사이에 쓰여, 첫 번째 동사가 두 번째 동사의 방식이나 수단을 나타내는 경우

· 赵先生经常走着回家。 Zhào xiānsheng jīngcháng zǒu zhe huíjiā.

· 咱们听着音乐聊天儿吧。 Zánmen tīng zhe yīnyuè liáotiānr ba.

· 别站着说，快坐下。 Bié zhàn zhe shuō, kuài zuòxia.

· 你怎么低着头不说话？ Nǐ zěnme dī zhe tóu bù shuōhuà?

⑤ '동사+着' 를 중첩 형태로 써서 '~하다가(~하다 보니) 어떻게 되었다' 라는 표현을 나타
냅니다.

· 弟弟哭着哭着睡着了。　Dìdi kūzhe kūzhe shuìzháo le.
· 他们喝着喝着就醉了。　Tāmen hēzhe hēzhe jiù zuì le.
· 想着想着，不知不觉地笑起来了。
Xiǎngzhe xiǎngzhe, bùzhī-bùjué de xiàoqǐlái le.

[tip] 어떤 장소에서 어떠한 현상이 지속됨을 표현하는 문장에서는, 장소를 나타내는 단어나
구가 문두에 나오게 되는데, 이때 개사 '在' 를 쓸 필요가 없습니다.

· 外边下着小雪。　Wàibian xiàzhe xiǎoxuě.
· 那儿围着不少人。　Nàr wéizhe bùshǎo rén.

2 동격어 (同位词语)

두 개의 단어나 구가 동일 사물을 나타내는 단어를 '동격어 '라고 합니다. 회화에
서 자주 씁니다.

· 中国人周先生　Zhōngguórén Zhōu xiānsheng
· 我自己　Wǒ zìjǐ
· 她哥哥李珉　Tā gēge Lǐ Mín
· 小韩他们　Xiǎo Hán tāmen
· 赵老师他　Zhào lǎoshī tā

단어

激烈 jīliè 격렬하다, 치열하다 | 发烧 fāshāo 열이 나다 | 亮 liàng ❶ 밝다 ❷ 밝히다 | 低头 dītóu 머리
를 숙이다 | 醉 zuì 취하다 | 不知不觉 bùzhī-bùjué 자기도 모르는 사이에 | 围 wéi ❶ 둘레 ❷ 주위 ❸
에워싸다

녹음을 잘 듣고 맞는 그림을 찾아 보세요.

1 Ⓐ _____ Ⓑ _____

| A | B | C | D |

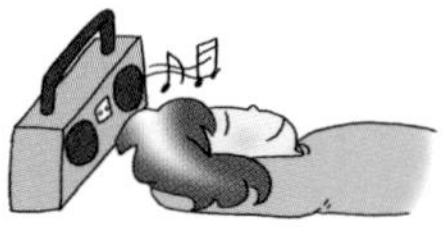

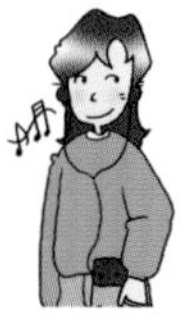

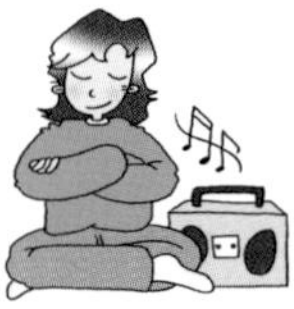

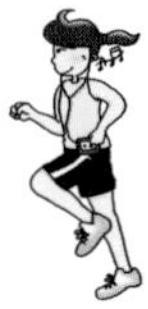

2 Ⓐ _____ Ⓑ _____

| A | B | C | D |

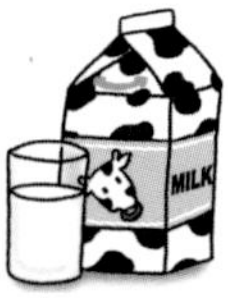

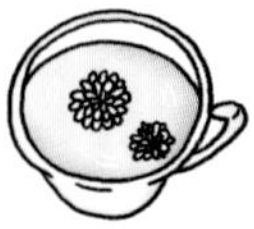

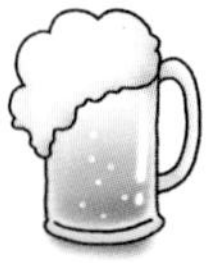

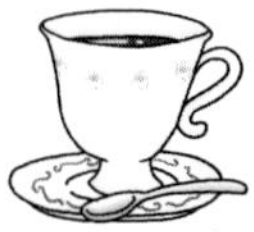

3 Ⓐ _____ Ⓑ _____

| A | B | C | D |

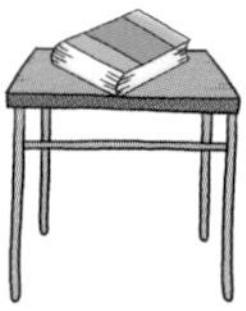

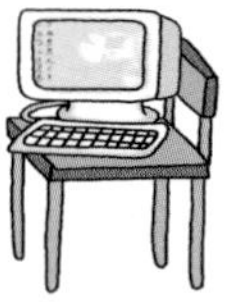

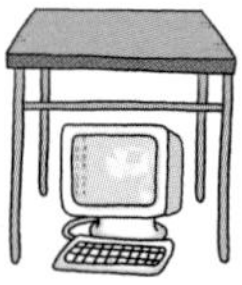

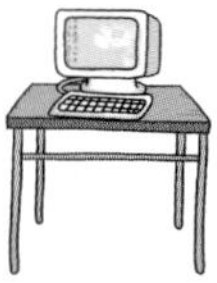

4 Ⓐ _____ Ⓑ _____

| A | B | C | D |

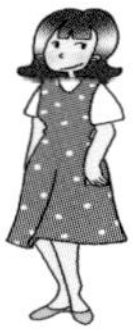

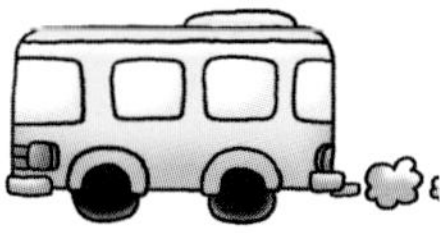

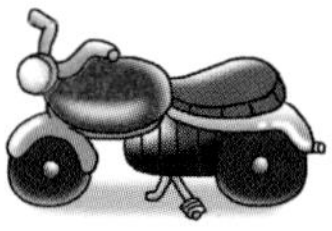

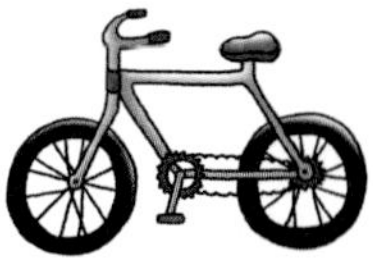

빈칸에 맞는 단어를 동태조사 '着'를 이용해 채우고 대화를 읽어 보세요.

(1)

Ⓐ 你妹妹在干什么?

Ⓑ 我妹妹在 음악 들으며 跑步。

(2)

Ⓐ 门 열려 있다 没有?

Ⓑ 열려 있지 않습니다 。

(3)

Ⓐ 李娜 입고 있다 什么?

Ⓑ 李娜 입고 있다 청바지 。

(4)

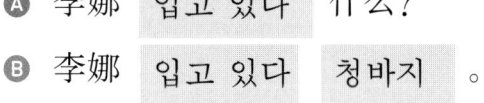

Ⓐ 墙上 걸려 있다 什么?

Ⓑ 墙上 걸려 있다 2007年的 달력 。

 단어

听 tīng 듣다 | 跑步 pǎobù 달리기하다 | 音乐 yīnyuè 음악 | 牛仔裤 niúzǎikù 청바지 | 挂 guà 걸다 | 挂历 guàlì (벽에 거는)달력

다음 단어에 맞는 자리를 찾아 주세요.

(1) 着

桌子 A 上 B 放 C 什么 D 东西?

(2) 没有

A 电视 B 开 C 着 D ?

(3) 没

她们 A 吃着 B 饭 C 看 D 电视

(4) 着

她们 A 正在 B 喝 C 茶 D 聊天儿

문장을 해석하고, 문장에서 틀린 부분을 찾아 바르게 고치세요.

(5) 在外边下着小雪。

해석:

(6) 他们喝着喝就醉了。

해석:

(7) 我们走着去着吧!

해석:

(8) 我正在听音乐学习汉语。

해석:

다음을 중국어로 써 보세요.

1 벽에 달력이 걸려 있습니까?

2 그 사람은 서 있지 않습니다.

3 그는 차를 운전하고 있습니다. (开着)

4 그녀는 청바지를 입고 있습니다. (牛仔裤)

5 내가 네 대신 가방 들고 있을게. (拿着)

6 텔레비전은 켜 있지 않습니다.

7 저는 편지를 쓰는 중입니다. (正)

8 제 여동생은 울다 울다 잠이 들었습니다. (哭着哭着)

단어

站 zhàn 서다 │ 穿 chuān (옷을) 입다 │ 电视 diànshì 텔레비전 │ 信 xìn ❶ 편지 ❷ 믿다 ❸ 진실하다 │ 睡觉 shuìjiào 자다

돈황 (敦煌) 소개

돈황이라는 이름은 고대어로 '성대하고 휘황찬란하다' 는 뜻이다. 실크로드의 요충지에 위치한 돈황은 사막 내에 있는 오아시스 도시이다. 중앙아시아를 가로지르는 실크로드를 따라 펼쳐진 전통적인 중국인 거주지의 서쪽 끝에 해당하며, 서양에서 중국 통치 영역으로 들어가는 외국상인들이 처음으로 거쳐 가는 교역도시이다. 옛날에는 한때 '사주' 라는 이름으로 불리기도 했다. 그 당시에는 실크로드를 오가는 상인들이 구름처럼 몰려들어 눈부신 번영을 이루었으며, 가장 번성했던 시기는 지금으로부터 1,100여 년 전인 당나라 중기 무렵이었다. 비록 그 옛날의 돈황 고성은 이미 폐허가 되었지만, 유명한 관광도시가 된 지금의 돈황에는 거리도 깨끗하고 건물들도 산뜻한 신시가지가 들어서 있다. 돈황을 세계적인 관광 도시로 만든 것은 바로 돈황시 교외에 있는 막고굴인데, 유구한 역사를 지닌 유적은 풍부하고 아름다운 고대 문화재로 전세계의 많은 관광객들을 끌어들이고 있으며, 이미 세계문화유산으로 지정되었다. 돈황은 관광 산업이 발달하여 곳곳에 호텔이 있고 교통도 매우 편리하며, 매년 6~9월이 여행하기에 가장 좋은 시기이다.

돈황의 볼거리 1

모가오쿠 (莫高窟, 막고굴)

▼ 막고굴

실크로드의 중심이었던 돈황에는 구법승, 대상, 병사들이 끊임없이 드나들었다. 때문에 경제적인 융성뿐 아니라 돈황예술을 꽃피우기도 했는데, 그 대표적인 흔적이 바로 세계적인 불교 유적지로 유명한 막고굴이다. 돈황 시내에서 동남쪽으로 25km 떨어진 곳으로 버스로 약 삼십분 거리에 있고, 굴 주변으로 가느다란 시냇물이 흐르며 주변은 온통 황량한 산으로 둘러싸여 있다. 이 막고굴은 서기 366년 승려 낙준이 명사산과 삼위산에 이상한 빛이 있음을 알고 석벽을 파서 굴을 만들기 시작한 것이 시초라고 한다. 그리고 그로부터 14세기까지 약 천 년 동안 수많은 승려와 조각가, 화가, 역경사, 석공, 도공, 목공, 시주 들이 드나들면서 하나, 둘씩 굴을 팠으며 그렇게 파게 된 크고 작은 굴의 전체 수가 약 천 개 가량 된다. 그 수많은 굴 중에서 17번이라 붙여진 굴 속에는 우리나라 신라 혜초 스님이 남긴 '왕오천축국전' 이 다른 보물들과 함께 잘 보존되어 있다. 1,000개의 굴이 있다 하여 천불동이라 불리기도 하는 이곳에는 굴마다 불상의 형태나 벽화의 내용이 다르다. 그러나 어두운 동굴의 천장과 벽을 가득 메우고 있는 그림에는 한결같이 어떤 종교적 고행이 느껴지며, 또한 각골의 천장의 그림은 매우 정밀하고 기하학적인 구조를 가지고 있다. 이러한 종교와 예술의 피땀어린 결정체이기 때문에 세계문화유산으로도 지정이 되었지만, 아쉽게도 약탈로 인해 수만 점이 해외로 유출되어 현재 는 10여 개국의 박물관과 도서관에 분산 보관되어 있다.

밍사산 (鳴沙山, 명사산)

고운 모래로 이루어진 명사산. 이 명사산은 돈황의 남쪽으로 약 5km떨어진 곳에 뾰족하게 솟아있는 모래산으로

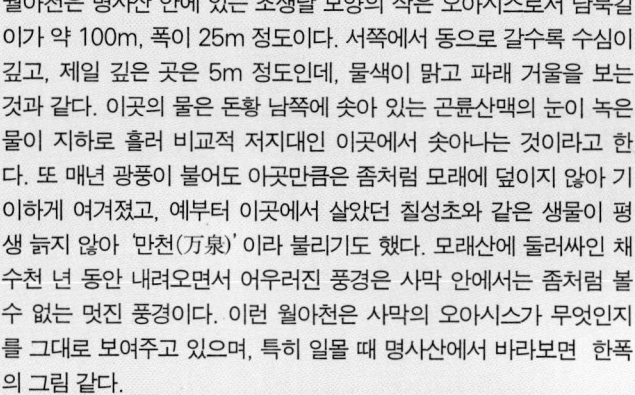

쌀알만 한 모래와 돌이 퇴적되어 형성된 산이라고 한다. 신사산, 사각 산이라고도 하는데, 명사산이라는 이름은 맑은 날에 이곳의 모래소리 가 관현악기의 소리같이 들리거나 수만의 병마가 두드려 치는 북과 징소리같이 들린다고 해서 붙여진 것이다. 남북 20km , 동서 40km 에 이르는 거대한 모래산인 이곳은 이름 그대로 모래결이 희고 가늘 다. 특히 명사산 위에 올라가 바라보는 저녁 일몰의 풍경은 천하의 절 경이라 할 수 있을 정도로 아름답다. 또 이때는 아름다운 모래의 소리 를 들을 수 있을 뿐 아니라 인체와 모래의 마찰로 인하여 일어나는 불 꽃도 볼 수 있다. 여름에는 기온이 매우 높아서 오후 4시 이후에 가는 게 좋으며, 명사산 안에서 낙타를 타고 갈 수도 있다.

▲ 명사산

위에야취안 (月牙泉, 월아천)

월아천은 명사산 안에 있는 초생달 모양의 작은 오아시스로서 남북길 이가 약 100m, 폭이 25m 정도이다. 서쪽에서 동으로 갈수록 수심이 깊고, 제일 깊은 곳은 5m 정도인데, 물색이 맑고 파래 거울을 보는 것과 같다. 이곳의 물은 돈황 남쪽에 솟아 있는 곤륜산맥의 눈이 녹은

물이 지하로 흘러 비교적 저지대인 이곳에서 솟아나는 것이라고 한 다. 또 매년 광풍이 불어도 이곳만큼은 좀처럼 모래에 덮이지 않아 기 이하게 여겨졌고, 예부터 이곳에서 살았던 칠성초와 같은 생물이 평 생 늙지 않아 '만천(万泉)'이라 불리기도 했다. 모래산에 둘러싸인 채 수천 년 동안 내려오면서 어우러진 풍경은 사막 안에서는 좀처럼 볼 수 없는 멋진 풍경이다. 이런 월아천은 사막의 오아시스가 무엇인지 를 그대로 보여주고 있으며, 특히 일몰 때 명사산에서 바라보면 한폭 의 그림 같다.

▲ 월아천

화장하기

化妆水 · 乳液 스킨·로션

huàzhuāngshuǐ · rǔyè

化妆品 화장품

huàzhuāngpǐn

涂粉 분을 바르다

tú fěn

画眼眉 눈썹을 그리다

huà yǎnméi

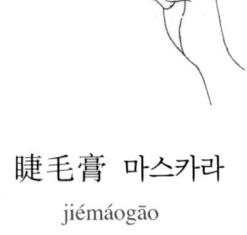

睫毛膏 마스카라

jiémáogāo

指甲 손톱

zhǐjia

指甲油 매니큐어

zhǐjiayóu

喷香水 향수를 뿌리다

pēn xiāngshuǐ

镜子 거울

jìngzi

你们公司上
几天班?

당신의 회사는 며칠제 근무입니까?

학습목표

1 동사의 일종인 이합사(离合词)에 대해 알아
  봅니다. 이합사(离合词)는 '동사(动)+목적어
  (宾)', '동사(动)+보어(补)' 관계로 이루어져
  있어 필요에 따라 자유롭게 분리와 결합이
  되는 동사를 말합니다.

2 대략적인 수를 표현하는 '어림수(概数)'에
  대해 공부합니다.

기본호호화

01

A : 你喝过葡萄酒吗？
　　Nǐ hē guo pútáojiǔ ma?

B : 我喝过两、三次。
　　Wǒ hē guo liǎng、 sān cì.

02

A : 你想请几天假？
　　Nǐ xiǎng qǐng jǐ tiān jià?

B : 我想请三天假。
　　Wǒ xiǎng qǐng sān tiān jià.

03

A : 他的个子有多高？
　　Tā de gèzi yǒu duō gāo?

B : 一米八左右。
　　Yì mǐ bā zuǒyòu.

03

A : 天气这么好，咱们去散散步吧！
　　Tiānqì zhème hǎo, zánmen qù sànsan bù ba!

B : 对不起！我太累了想在家休息。
　　Duìbuqǐ! Wǒ tài lèi le xiǎng zài jiā xiūxi.

단어

葡萄酒 pútáojiǔ 와인, 포도주 ｜ 两、三次 liǎng, sān cì 두세 번 ｜ 请假 qǐngjià 휴가 내다 ｜ 个子 gèzi 키 ｜
多 duō 얼마나 ｜ 米 mǐ 미터(m) ｜ 左右 zuǒyòu 가량 ｜ 天气 tiānqì 날씨 ｜ 这么 zhème 이렇게 ｜ 咱们
zánmen 우리 ｜ 散步 sànbù 산책하다 ｜ 累 lèi 피곤하다 ｜ 休息 xiūxi 휴식하다

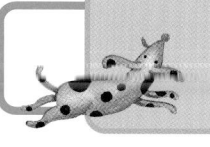

상황 회화

Track 18

▶ 모처럼 대학 동창(大学同学) 모임에 나간 金小英, 어딜 가나 빼놓을 수 없는 얘기가 바로 회사 얘기 아닐까요?

同学	哎，你们公司上几天班？
	Āi, nǐmen gōngsī shàng jǐ tiān bān?

金小英	我们公司上五天班，你们呢？
	Wǒmen gōngsī shàng wǔ tiān bān, nǐmen ne?

同学	我们还是上六天班。
	Wǒmen háishi shàng liù tiān bān.

金小英	星期六上班累不累？
	Xīngqī liù shàngbān lèibulèi?

同学	还可以。习惯了嘛。
	Háikěyǐ. Xíguàn le ma.

金小英	那你平时下了班以后干什么呀？
	Nà nǐ píngshí xià le bān yǐhòu gàn shénme ya?

同学	回家看看书啦，去锻炼啦。
	Huí jiā kànkan shū la, qù duànliàn la.

金小英	你们公司平时加班吗？
	Nǐmen gōngsī píngshí jiābān ma?

同学	加班，有时侯还开夜车呢。
	Jiābān, yǒushíhou hái kāiyèchē ne.
	哎，你们公司工资高不高？
	Āi, nǐmen gōngsī gōngzī gāobugāo?

金小英	还算高吧。隔两个月发一次奖金。
	Hái suàn gāo ba. Gé liǎng ge yuè fā yí cì jiǎngjīn.

 단어

上班 shàngbān 출근하다, 근무하다 | 几天 jǐtiān 며칠 | 还可以 háikěyǐ 그럭저럭 | 习惯 xíguàn 습관이 되다 |
了 le 상황의 변화를 나타냄 | 平时 píngshí 평소에 | 下班 xiàbān 퇴근하다 | 啦 la ~도 하고(열거를 나타냄) |
加班 jiābān 잔업하다 | 有时侯 yǒushíhou 때로는 | 开夜车 kāiyèchē 밤샘하다 | 工资 gōngzī 급여 | 算
suàn 셈인 셈이나 | 高 gāo (월급 등이) 높다 | 隔 ge 사이를 두다 | 发 fā 발급하다 | 奖金 jiǎngjīn 보너스상

1 이합동사 (离合词)

이합동사란 쉽게 말해 태어날 때부터 '동사+목적어' 혹은 '동사+보어'가 한 몸으로 나와 필요에 따라 "헤쳐 모여!"를 할 수 있는 이음절 동사를 말합니다.

▶ 주의! 일반적인 이음절 동사는 분리를 할 수가 없습니다.

[일반적인 동사]

· 我学习英语。Wǒ xuéxí Yīngyǔ.

· 他喜欢你。 Tā xǐhuan nǐ.

[이합동사]

见/面 jiànmiàn 만나다	吃/饭 chīfàn 밥을 먹다	吵/架 chǎojià 싸우다
帮/忙 bāngmáng 도와주다	上/课 shàngkè 수업하다	下/课 xiàkè 수업이 끝나다
下/班 xiàbān 퇴근하다	散/步 sànbù 산책하다	游/泳 yóuyǒng 수영하다
请/假 qǐngjià 휴가 내다	结/婚 jiéhūn 결혼하다	离/婚 líhūn 이혼하다
放/假 fàngjià 방학하다, 휴가 주다		

[용법]

1. '이음절 동사'로 쓸 때

· 他们俩经常吵架 。Tāmen liǎ jīngcháng chǎojià.

· 饿了吧？你快去吃饭吧 。È le ma? Nǐ kuài qù chīfàn ba.

· 我每天去公园散步 。Wǒ měitiān qù gōngyuán sànbù.

2. 분리해서 쓸 때

· 我们俩从来没吵过架 。Wǒmen liǎ cónglái méi chǎo guo jià.

· 我天天上汉语课 。 Wǒ tiāntiān shàng Hànyǔ kè.

· 明天下了课我就去你家 。 Míngtiān xià le kè wǒ jiù qù nǐ jiā.

· 天气这么好，咱们去散散步吧 。
Tiānqì zhème hǎo, zánmen qù sànsan bù ba.

[TIP] 이합동사 중에는 '동사+보어' 구조로 이루어진 경우도 있습니다.

· 你怎么舍得离开我呢? Nǐ zěnme shěde líkāi wǒ ne?

· 我离不开你，亲爱的。Wǒ líbukāi nǐ, qīn' ài de.

2 **어림수** (概数)

① 정수 뒤에 '多', '来', '左右', '上下', '以上', '以下' 등을 붙여 어림수를 나타냅니다.

二十多(天) 20여 (일)　三十五以下 35이하　　一个多月 1개월 남짓
五十来(岁) 50여 (세)　一天多　　 하루 남짓　 十块多钱 십 원남짓
四十左右　40가량　　 一个多星期 1주일 남짓　十多块钱 십 몇 원(11원 이상)
六十上下　60안팎　　 一年多　　 1년 남짓

② 비슷한 수사를 연용해서 어림수를 나타냅니다.

三四(个)　 서너 (개)　　　　　七八(次)　 예닐곱 (번)
五六十(斤)　오륙십 (근)　　　　八九万(元)　팔구만 (위안)

③ 수사 '十、百、千、万' 앞에 '成'·'上'·'小' 등을 붙여 어림수를 나타냅니다.

成千(个)　 천 여 (개)　　　　　上万(条)　 만개 넘는 (가닥)

④ 수사 '两'이 어림수로 쓰여 수가 크지 않음을 나타냅니다.

　　· 过两天再来看你。　Guò liǎng tiān zài lái kàn nǐ.

⑤ 의문사 '几'가 어림수로 쓰이기도 합니다.

　　· 他今年已经二十几了吧? Tā jīnnián yǐjing èrshí jǐ le ba?

3 **분수** (分数)=정수+分之+정수

二分之一(이분의 일)　　　　十分之四(십분의 사)
百分之七十(백분의 칠십)　　千分之三十五(천분의 삼십오)

4 **배수** (倍数)

三倍　 세 배　　　 十倍　 열 배

5 **서수** (序数)

第一　 첫 째　　　第二　 둘 째　　　第十　 열 째
初一　 초하루　　 初五　 초닷새　　 初八　 초여드레
老大　 첫째　　　 老三　 셋 째　　　 老小　 막내

녹음을 잘 듣고 맞는 그림을 찾아.보세요.

1 Ⓐ [____] Ⓑ [____]

    A   B 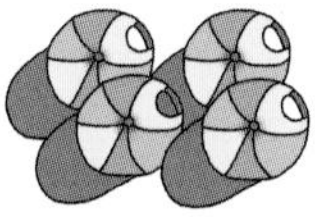   C 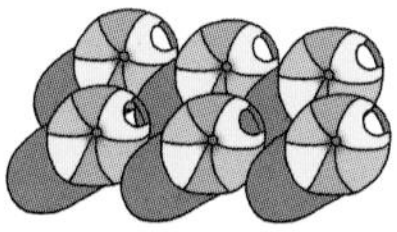   D

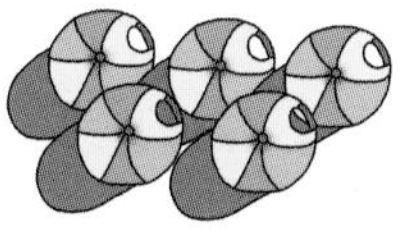

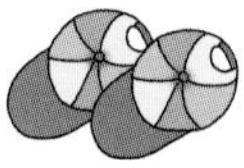

2 Ⓐ [____] Ⓑ [____]

    A   B 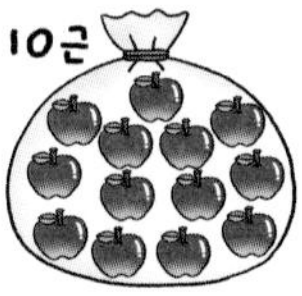   C 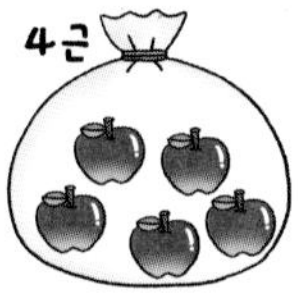   D

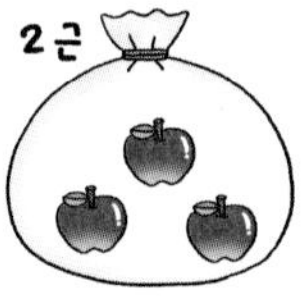

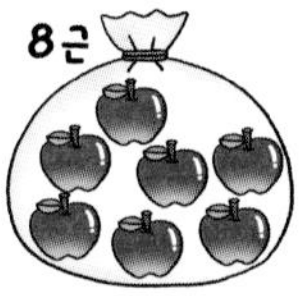

2근   10근   4근   8근

3 Ⓐ [____] Ⓑ [____]

    A   B    C    D

4 Ⓐ [____] Ⓑ [____]

    A   B    C    D

빈칸에 맞는 단어를 이합동사와 어림수를 이용해 채우고 대화를 읽어 보세요.

(1)

Ⓐ 他的 │ 키 │ 多高?

Ⓑ 他的 │ 키 │ 一米七 │ 가량 │。

(2)

Ⓐ 你吃了 │ 몇 개 │ 사과 │ ?

Ⓑ 我吃了 │ 5~6개 사과 │。

(3)

Ⓐ 你跟男朋友 │ 싸운 적 있다 │ 吗?

Ⓑ 我跟男朋友 │ 싸운 적 없다 │。

(4)

Ⓐ 她今年 │ 벌써 │ 스물몇 살 │ 了吧?

Ⓑ 她今年 │ 벌써 스물세 살 되었다 │。

단어

个子 gèzi 키 │ 苹果 píngguǒ 사과 │ 吵架 chǎojià 싸우다

다음 단어에 맞는 자리를 찾아 주세요.

(1) 汉语

    A 我   B 天天   C 上   D 课

(2) 左右

    他 A 的   B 个子   C 一米七八   D

(3) 吵

    我和他   A 从来   B 没   C 过   D 架

(4) 两天

    过 A 再   B 来   C 看 D 你

문장을 해석하고, 문장에서 틀린 부분을 찾아 바르게 고치세요.

(5) 明天下课了我就去你家。

해석:

(6) 我离开不你，亲爱的。

해석:

(7) 我只过吃两、三次烤鸭。

해석:

(8) 他帮了我多忙。

해석:

다음을 중국어로 써 보세요.

1 너는 경극을 몇 번이나 봤니? (京剧)

2 나는 퇴근 후에 영화를 보러 가고 싶어요. (下班)

3 날씨가 너무 좋다. 우리 산책하러 가자. (散步)

4 오후 세 시쯤 내가 너한테 갈게.

5 사과 10여 근 (斤)

6 이 하이힐은 95원 정도 합니다. (高跟鞋)

7 그녀는 수영을 잘 합니다. (游泳)

8 그의 키는 178센티미터가량입니다.

단어

京剧 jīngjù 경극 | 下班 xiàbān 퇴근하다 | 这么 zhème 이렇게, 이와 같은, 이러한 | 斤 jīn 근 | 高跟鞋
gāogēnxié 하이힐 | 左右 zuǒyòu 가량

옷 입기

穿裤子 바지를 입다
chuān kùzi

拉链 지퍼
lāliàn

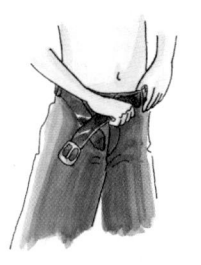

腰带 허리띠
yāodài

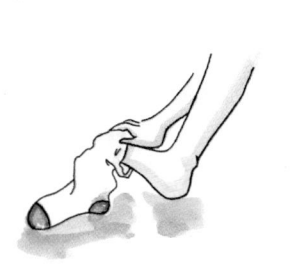

穿袜子 양말을 신다
chuān wàzi

紧身女衫 블라우스
jǐnshēn nǚshān

领带 넥타이
lǐngdài

耳链·戒指 귀걸이·반지
ěrliàn· jièzhi

衬衫 셔츠
chènshān

你周末过得
怎么样?

주말 잘 보냈어?

학습목표

1 동작이나 상태가 어느 정도에 이르는지,
어느 수준인지를 말해 주는 정도보어(程
度补语)에 관해 알아봅니다.

2 양사와 명사의 중첩에 대해 살펴봅니다.

기본호호

Track 21

01

A : 李珉! 周末过得好吗？
Lí Mín! Zhōumò guò de hǎo ma?

B : 周末过得很好，你呢？
Zhōumò guò de hěn hǎo, nǐ ne?

02

A : 他游泳游得怎么样？
Tā yóuyǒng yóu de zěnmeyàng?

B : 他游得不好。
Tā yóu de bù hǎo.

03

A : 你汉语说得真棒!
Nǐ Hànyǔ shuō de zhēn bàng!

B : 过奖过奖，还差得远呢。
Guòjiǎng guòjiǎng, hái chà de yuǎn ne.

04

A : 今天小金来得早不早？
Jīntiān XiǎoJīn lái de zǎobuzǎo?

B : 今天她来得比较早。
Jīntiān tā lái de bǐjiào zǎo.

단어

过 guò 보내다, 지내다, (생일, 명절 등을) 쇠다 | 得 de 정도보어를 만들 때 쓰는 조사 | 说 shuō 말하다 | 汉语 Hànyǔ 중국어 | 棒 bàng 대단하다 | 过奖过奖 guòjiǎng guòjiǎng 과찬이십니다 | 还 hái 아직 | 差得远 chādeyuǎn (어떤 기대 수준에 비해) 멀었다 | 来 lái 오다 | 早 zǎo (시간이) 이르다 | 比较 bǐjiào ❶ 비교적 ❷ 비교하다

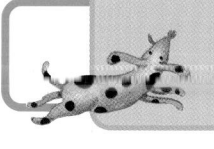 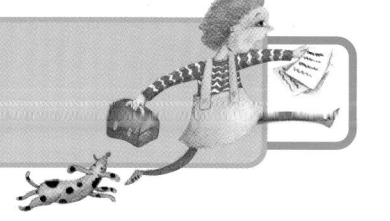

상황 회화

▶ 주말에 소개팅을 한 李娜. 단짝 친구 东东의 레이더망을 빠져나갈 수가 없는데...

东东　　你周末过得怎么样？
　　　　Nǐ zhōumò guò de zěnmeyàng?

李娜　　过得很好。
　　　　Guò de hěn hǎo.

东东　　哎，听说你相亲了，是不是？
　　　　Āi, tīngshuō nǐ xiāngqīn le, shìbushì?

李娜　　啊？谁说的？不是啊，我只是见了一个人。
　　　　Á? Shéi shuō de? Bú shì a, wǒ zhǐshì jiàn le yí ge rén.

东东　　谁呀？谁给你介绍的？长得好吗？
　　　　Shéi ya? Shéi gěi nǐ jièshào de? Zhǎng de hǎo ma?

李娜　　哎呀，急什么呀？一个一个地来吧。
　　　　Āiyā, jí shénme ya? Yí ge yí ge de lái ba.

东东　　嘻嘻，第一，那个人长得怎么样？
　　　　Xīxī, dì yī, nà ge rén zhǎng de zěnmeyàng?

李娜　　长得很一般，可是很幽默。
　　　　Zhǎng de hěn yìbān, kěshì hěn yōumò.

东东　　那你们约了下次见面吗？
　　　　Nà nǐmen yuē le xiàcì jiànmiàn ma?

李娜　　约了，这个周末见面！
　　　　Yuē le, zhè ge zhōumò jiànmiàn!

 단어

听说 tīngshuō 듣자하니 ｜ 相亲 xiāngqīn 선 보다 ｜ 是不是 shìbushì ~이 아닌가요? ｜ 不是啊 búshì'a 안 그래 ｜ 只是 zhǐshì 단지 ｜ 介绍 jièshào 소개하다 ｜ 长 zhǎng ❶ 생기다 ❷ 자라다 ❸ 생김새가 ~하다 ｜ 急 jí ❶ 급하다 ❷ 서두르다 ｜ 一个一个地 yí ge yí ge de 하나하나씩 ｜ 来 lái 대동사로 쓰임. 여기서는 问(묻다)와 같은 의미 ｜ 嘻嘻 xīxī 히히, 헤헤 ｜ 第一 dì yī 첫 번째 ｜ 一般 yìbān 보통이다, 일반적이다 ｜ 可是 kěshì 그러나 ｜ 幽默 yōumò 유머 감각이 있다 ｜ 约 yuē 약속하다 ｜ 下次 xiàcì 다음에 ｜ 见面 jiànmiàn 만나다

1 정도보어 (程度补语) ①

보어란 동사 술어나 형용사 술어를 보충 설명해 주는 성분을 말합니다. 그리고 정도보어는 동작이나 상태가 어느 정도인지 어느 수준인지를 설명해주는 보어를 말합니다.

[긍정형]

① 주어 + 술어(동사/형용사) + '得' + 정도보어

- 他　　　　跑　　　　得　　　　很好。
  Tā　　　　pǎo　　　　de　　　　hěn hǎo.

- 大家　　　来　　　　得　　　　很早。
  Dàjiā　　　lái　　　　de　　　　hěn zǎo.

- 人人都　　高兴　　　得　　　　不得了。
  Rénrén dōu　gāoxìng　　de　　　　bùdéliǎo.

② 주어 + 술어 + 목적어 + 술어 + '得' + 정도보어

- 小李　　游　　　泳　　　游　　　得　　　非常快。
  Xiǎo Lǐ　yóu　　yǒng　　yóu　　de　　fēicháng kuài.

- 她　　　打　　　篮球　　打　　　得　　　越来越好。
  Tā　　　dǎ　　　lánqiú　dǎ　　　de　　yuèlái yuè hǎo.

③ 주어 + 목적어 + 술어 + '得' + 정도보어

- 王明　　　排球　　　打　　　得　　　好极了。
  Wáng Míng　páiqiú　　dǎ　　　de　　　hǎo jí le.

- 我朋友　　英语　　　说　　　得　　　特别流利。
  Wǒ péngyou　Yīngyǔ　　shuō　　de　　　tèbié　liúlì.

④ 목적어 + 주어 + 술어 + '得' + 정도보어

- 中国歌　　　小孟　　　唱　　　得　　　特别好听。
  Zhōngguó gē　Xiǎo Mèng　chàng　　de　　　tèbié　hǎotīng.

- 这篇文章　　　他　　　翻译　　　得　　　不错。
  Zhè piān wénzhāng　tā　　　fānyi　　de　　　búcuò.

[특수 형태]

· 别闹得鸡犬不宁。 Bié nào de jīquǎnbùníng.

· 我们把敌人打得稀里哗啦。 Wǒmen bǎ dírén dǎ de xīlihuālā.

[부정형]

· 他游泳游得不快。 Tā yóu yǒng yóu de bú kuài.

· 她汉字写得不太好。 Tā Hànzì xiě de bú tài hǎo.

[의문형]

· 周末过得怎么样？ Zhōumò guò de zěnmeyàng?

· 大家来得早吗？ Dàjiā lái de zǎo ma?

· 他汉语说得好不好？ Tā Hànyǔ shuō de hǎobuhǎo?

2 양사와 명사의 중첩

양사와 명사도 중첩할 수 있는데, 그 뜻은 '每'와 같습니다. 양사와 명사의 중첩이 있는 문장에는 부사 '都'가 자주 등장합니다.

· 个个学生都很聪明。 Gègè xuésheng dōu hěn cōngmíng.

· 件件衣服都很漂亮。 Jiànjiàn yīfu dōu hěn piàoliang.

· 家家都有好几辆自行车。 Jiājiā dōu yǒu hǎo jǐ liàng zìxíngchē.

· 春节晚会，几乎年年都有。
Chūnjié wǎnhuì, jīhū niánnián dōu yǒu.

단어

跑 pǎo 달리다 ｜ 人人 rénrén 사람마다 ｜ 高兴 gāoxìng 즐겁다 ｜ 不得了 bù dé liǎo 대단하다 ｜ 非常 fēicháng 대단히 ｜ 越来越 yuèláiyuè 갈수록 ｜ 好极了 hǎo jí le 너무 좋다, 너무 잘한다 ｜ 流利 liúlì 유창하다 ｜ 好听 hǎotīng 듣기 좋다 ｜ 翻译 fānyì 번역하다, 통역하다 ｜ 不错 búcuò 괜찮다, 좋다 ｜ 鸡犬不宁 jīquǎnbùníng 소란스럽고 불안하다 ｜ 敌人 dírén 적 ｜ 把 bǎ ~를 ｜ 稀里哗啦 xīlihuālā ① 쏴쏴, 와르르 ② 산산조각 난 모양 ｜ 漂亮 piàoliang 예쁘다 ｜ 几乎 jīhū 거의

Track 23

녹음을 잘 듣고 맞는 그림을 찾아 보세요.

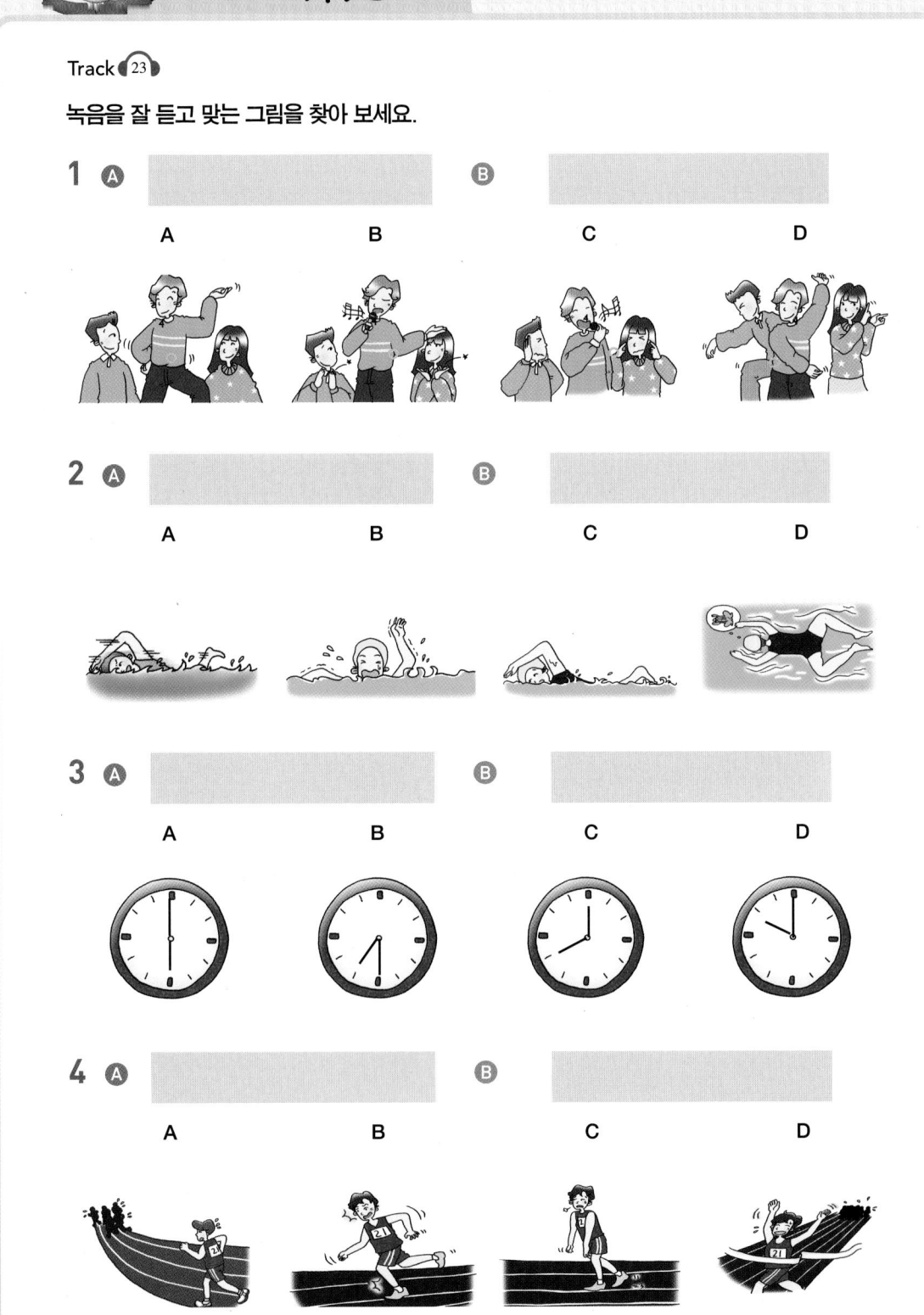

1 Ⓐ   Ⓑ

   A   B   C   D

2 Ⓐ   Ⓑ

   A   B   C   D

3 Ⓐ   Ⓑ

   A   B   C   D

4 Ⓐ   Ⓑ

   A   B   C   D

빈칸에 맞는 단어를 정도보어를 이용해 채우고 대화를 읽어 보세요.

(1)

Ⓐ 李珉 달리는 것이 快吗?
Ⓑ 李珉 빨리 달립니다 。

(2)

Ⓐ 你弟弟 수영 游得好不好?
Ⓑ 我弟弟 수영하는 것이 不太好。

(3)

Ⓐ 王明去学校 일찍 갑니까 ?
Ⓑ 王明去学校 일찍 가지 않습니다 。

(4)

Ⓐ 你哥哥 노래 부르는 것이 怎么样?
Ⓑ 우리 형은 노래를 잘 부릅니다 。

단어

跑 pǎo 달리다 │ 游泳 yóuyǒng 수영하다 │ 游 yóu 수영하다 │ 唱歌 chànggē 노래하다

다음 단어에 맞는 자리를 찾아 주세요.

(1) 得

他　A 唱歌　B 唱　C 很　D 好

(2) 说

你　A 汉语　B 得　C 真　D 棒！

(3) 得

今天　A 小英　B 来　C 早　D 不早？

(4) 都

个　A 个　B 学生　C 很　D 聪明

문장을 해석하고, 문장에서 틀린 부분을 찾아 바르게 고치세요.

(5) 件件衣服每很漂亮。

해석 :

(6) 王明排球得打好极了。

해석 :

(7) 我妹妹不唱得听。

해석 :

(8) 他汉语说汉语得很流利。

해석 :

다음을 중국어로 써 보세요.

1 그녀는 늦게 잡니다.

2 그 사람은 중국어를 잘하지 못합니다.

3 주말 어떻게 보냈어요? (周末)

4 학생들은 모두 다 똑똑합니다. (聪明)

5 내 친구는 영어를 유창하게 합니다.

6 이 군은 수영을 대단히 잘합니다. (非常)

7 그 사람 말 잘하니, 못하니?

8 李娜는 종종 일찍 옵니다. (常常)

단어

周末 zhōumò 주말 | 聪明 cōngmíng 똑똑하다 | 非常 fēicháng 대단히 | 常常 chángcháng 종종

돈황의 볼거리 2

▸ 위먼관 (玉门关 옥문관)

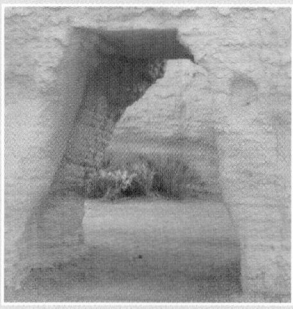

▲ 옥문관

돈황에서 고비사막을 지나 북서로 82km쯤에 한나라 때 양관(阳关)과 더불어 실크로드의 중요한 관문 역할을 했던 옥문관이 있다. 돈황은 인도, 이란과 통하는 중국 고대 통로로서 옥문관과 양관은 그 통로의 중요한 관문이었다. 옥문관을 나와 타클라마칸사막 북쪽 길을 따라가면 서역북도를 만나게 되어, 옛날에는 옥문관을 넘는 것을 출세(塞出)한다 했고, 만리장성 밖을 새외(塞外)라고 했다. 옥문관은 높이 10m의 사방형으로 633평방미터에 걸쳐 있고, 옥문관에 올라서는 멀리 한대의 고장성(古长城)을 볼 수 있다. 또한 옥문이라는 이름은 당시에 이곳을 통해 교류하던 동서양의 물건들 중에서 다량의 옥석이 거래되었다 하여 붙여진 것이다. 전해오는 얘기에 따르면, 옛날 화씨(和氏)라는 사람이 천하에 없는 보옥이라 하여 임금에게 바쳤는데, 돌이라 판명되어 왼쪽 다리를 잘렸다. 그 후 다음 임금에게도 바쳤는데, 또, 돌이라 판명되어 오른쪽 다리마저 잘리고 말았다. 그는 두 다리를 잃고 산 아래서 사흘 밤낮을 울었는데, 그 정성이 임금의 주의를 끌고, 그가 바친 돌이 천하에 없는 보옥임을 알게 되어 이를 갈아 옥을 만들었는데, 이 옥이 바로 그의 성을 딴 화씨벽이다. 이 화씨벽은 진시황이 조나라 혜문왕에게 15개의 성과 바꾸자고 제의했을 정도로 귀한 보물로 여겨졌다. 중국에서 서역 화전은 옥의 명산지로 임금이 입던 옷의 옥도 모두 이 화전에서 캐어 온 것이라고 문헌에 나온다. 앞서 말한 전설 속에 나오는 화씨벽의 화씨도 옥을 바친 사람이 아니라 '화전에서 난 옥'을 뜻한다는 설도 있다. 그리고 옥문관(玉门关)이라는 이름을 붙인 것도 이러한 배경을 가지고 옥이 들어오는 문이랑 뜻에서 비롯되었다고 한다. 이렇게 볼 때 실크로드는 비단뿐 아니라 옥이 드나들던 길이라고도 할 수 있을 것이다.

▸ 둔황보우관 (敦煌博物馆, 돈황박물관)

돈황 예술의 집합지이며 돈황 시내 중심에서 동쪽으로 조금 떨어진 곳에 위치해 있다. 1979년 10월에 개관되어 수십 년간 자료를 수집한 끝에 지금은 2000여 개에 달하는 문물을 소장하고 있으며, 동기, 철기, 석기, 목기, 경권 등 13종류로 분류되어 있다. 현재는 정식으로 300여 문물이 300㎡에 달하는 전시장에 전시되어 있다. 이것들 대부분은 돈황 주변에서 발견된 출토품들로, 돈황이 실크로드의 중심지였던 당시의 유적들이 주를 이룬다. 또 전체는 세 부분으로 나뉘어 있는데, 각각 막고굴의 제17굴에서 출토된 것들, 한·당나라로부터 온 제물들, 그리고 나머지는 양관(阳关)이나 옥문(玉门)에서 출토된 것들을 전시하고 있다. 특히 앞쪽에 전시하고 있는 전시품들은 12세기 초 중국 고고학상 가장 중요한 발견으로서, 고대 정치와 경제, 문화, 예술, 종교, 과학, 민족역사 및 외래와의 관계를 연구하는 중요한 자료가 되었고, 외국학자들이 이 연구에 심취해 돈황학이라는 새로운 학문이 탄생하기도 했다. 그러나 개방 전에 이곳의 중요한 문물들이 해외로 많이 유출되어서 지금 이곳에 전시된 것은 발견된 유물들 중 적은 일부분에 불과하다. 또 소장품 중에는 막고굴(莫高窟)의 장경동(藏经洞)에서 출토된 돈황유서(敦煌遗书)가 가장 진귀하며, 대량

의 한간(汉简) 또한 매우 높은 가치를 지니고 있다.

양관구청 (阳关古城, 양관고성)

옥문관에서 남쪽을 바라보면, 산 위
에 봉수대가 보이고 그 남으로 양관
(阳关)이 있다. 돈황에서 남쪽으로
70km정도 떨어져 있으며, 차로 1
시간 정도 걸린다. 옥문관과 같이
서역의 중요한 관문이었으나 지금
은 폐허만 남아 있다.

양관은 옥문관과 더불어 한대의 서
역 남로상의 중요한 역할을 했으며,
당시 왕유가 "서쪽 관문을 나가면
고인이 없다"라고 읊은 곳이기도

▲ 양관고성

하다. 원래는 한나라 무제가 수비를 위해 성벽을 쌓은 곳인데, 4.7m 높
이와 8m 넓이의 봉화대가 있었다. 지금은 대부분 훼손되고 그 중 일부분이 사막 위에 우뚝 솟은 채 남아 있다. 오
랜 세월의 모래 바람에 침식당한 지금은 모래 언덕 위에 벽의 밑바닥 흔적만이 남아 있을 뿐인데, 옛날부터 큰 바
람이 분 뒤에는 병기, 도자기, 화폐 등이 발견되어 골동사지(骨董砂地)라고 불리었다.

둔황구청 (敦惶古城, 돈황고성)

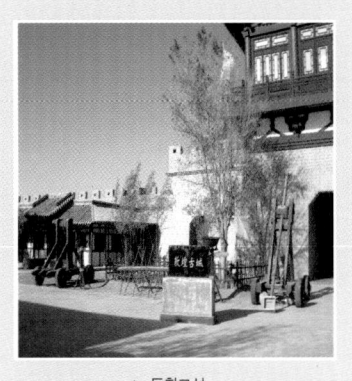

▲ 돈황고성

돈황의 시가지를 빠져 나와 남동쪽, 명사산이 있는 사막 한가운데에 우뚝
솟은 성이 하나 나타나는데, 이곳이 영화세트장으로 유명한 돈황고성이
다. 1987년에 돈황을 사주(沙州)라 부르던 당나라 때의 성을 영화를 찍기
위해 일본인들이 재현한 것인데, 그 이후에도 야외 세트장으로 활용한다.
다른 유적지들에 비하면 역사적인 의미는 없지만, 이곳을 짓기 위해 철저
한 역사적 고증을 했고, 그 때문에 이곳에 가면 천년 전 돈황의 거리 모습
을 그대로 볼 수 있다. 또 재미있게도 지금의 사회와 다를 바 없이 주관(酒
馆-술집), 미점(米店-쌀집), 여관, 식당 등이 복원되어 있고, 마약을 하는
가게나 말을 대여하는 마구간, 안경을 파는 가게 등이 있어서 당시의 모습
을 짐작할 수 있다.

지하철 타기

地铁站 지하철 역
dìtiězhàn

地铁路线 지하철 노선
dìtiě lùxiàn

售票处 매표소
shòupiàochù

买票 표를 사다
mǎi piào

站台 승강장
zhàntái

乘地铁 지하철을 타다
chéng dìtiě

扶手 손잡이
fúshǒu

听广播 안내 방송을 듣다
tīng guǎngbō

下地铁 지하철에서 내리다
xià dìtiě

PART
07

哎呀！饿死了！
아이구! 배고파 죽겠네!

학습목표

1 '得'를 쓰지 않는 정도보어(程度补语)에 대해 알아봅니다.

2 수량사(数量词)의 중첩에 대해 공부합니다.

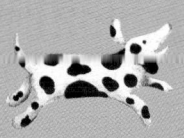

기본호호ㅏ

Track 25

01

A : 今天晚上吃得怎么样?
Jīntiān wǎnshang chī de zěnmeyàng?

B : 吃得很好, 我快要撑死了!
Chī de hěn hǎo, wǒ kuài yào chēngsǐ le!

02

A : 今天热得要命, 我们明天再去吧。
Jīntiān rè de yàomìng, wǒmen míngtiān zài qù ba.

B : 不行, 明天去就晚了。
Bù xíng, míngtiān qù jiù wǎn le.

03

A : 哎呀! 困死我了, 几点了?
Āiyā! Kùn sǐ wǒ le, jǐ diǎn le?

B : 才九点, 就这么困?
Cái jiǔ diǎn, jiù zhème kùn?

04

A : 今天你请客? 好极了!
Jīntiān nǐ qǐngkè? Hǎo jí le!

B : 行, 我请客, 你掏钱。
Xíng, wǒ qǐngkè, nǐ tāoqián.

단어

快要…了 kuàiyào…le 곧 ~할 것이다 | 撑 chēng ❶ 꽉 채우다 ❷ (떠)받치다 | 死 sǐ 〔정도보어〕 정도가 아주 심함을 나타냄 | 热 rè 덥다 | 要命 yàomìng 〔정도보어〕 정도가 심함을 나타냄 | 再 zài 다시 | 不行 bùxíng 안된다 | 就 jiù 바로 | 困 kùn 졸리다 | 才 cái 겨우 | 请客 qǐng kè 한턱 내다 | 极 jí 〔정도보어〕 정도가 극에 달함을 나타냄 | 行 xíng 좋다, 괜찮다 | 掏 tāo (주머니 등에서) 물건을 꺼내다

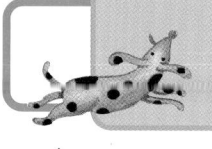
Track 26

▶ 야근을 하고 돌아온 李珉. 어머니께 야참(夜宵)을 만들어 달라고 조른다.

李珉　**妈, 儿子快饿死了, 家里有没有饭?**
Mā, érzi kuài èsǐ le, jiāli yǒuméiyǒu fàn?

妈妈　**这么晚了, 还没吃晚饭呀?**
Zhème wǎn le, hái méi chī wǎnfàn ya?

李珉　**嗯, 今天特别忙, 连吃饭时间都没有呢。**
Ng, jīntiān tèbié máng, lián chīfàn shíjiān dōu méiyǒu ne.

妈妈　**(啧啧), 那妈给你做一个菜吧。你想吃什么菜?**
(Zézé) Nà mā gěi nǐ zuò yí ge cài ba. Nǐ xiǎng chī shénme cài?

李珉　**时间不早了, 简单的就好了。**
Shíjiān bù zǎo le, jiǎndān de jiù hǎo le.

妈妈　**麻婆豆腐怎么样?**
Mápódòufu zěnmeyàng?

李珉　**好极了。我就喜欢用豆腐做的。**
Hǎo jí le. Wǒ jiù xǐhuan yòng dòufu zuò de.

妈妈　**儿子, 工作再忙也不能不吃饭呀。**
Érzi, gōngzuò zài máng yě bù néng bù chīfàn ya.

李珉　**知道了, 妈。** Zhīdao le, Mā.

 단어

儿子 érzi 아들 | 快…了 kuài…le 곧 ~하려고 하다 | 饿 è 배고프다 | 特别 tèbié 특별히 | 忙 máng 바쁘다 | 连…都 lián…dōu ~조차도 | 时间 shíjiān 시간 | 啧啧 zézé 쯧쯧 | 不…了 bù…le 더 이상 ~하지 않다 | 早 zǎo (시간이) 이르다 | 简单 jiǎndān 간단하다 | 就好了 jiù hǎo le 그럼 됐어요 | 麻婆豆腐 mápódòufu 마파두부 | 好极了 hǎo jí le 너무 잘됐다 | 就 jiù 바로 | 喜欢 xǐhuan 좋아하다 | 用 yòng 사용하다 | 工作 gōngzuò 일하기 | 不…不 bù…bù 이중 부정을 나타냄

79

1 정도보어 (程度补语) ②

일반적으로 정도보어를 만드는 문장에는 '得'를 꼭 써야 하지만, '得'를 쓰지 않고도 정도보어를 만들 수 있는 경우가 있는데, 그것은 바로 형용사/동사술어 뒤에 '透', '多', '极', '死', '很', '慌' 등을 쓰는 것입니다.

· 现在我觉得好多了。 Xiànzài wǒ juéde hǎo duō le.

· 啊! 气死我了。 Ā! Qì sǐ wǒ le.

· 你小心, 你哥哥恨透了你 。 Nǐ xiǎoxīn, nǐ gēge hèn tòu le nǐ.

· 这里的风景美极了。 Zhèlǐ de fēngjǐng měi jí le.

· 他酷毙了。 Tā kù bì le!

[TIP]
1. 이러한 형식의 정도보어를 쓰는 문장은 부정형이 없습니다.
2. 정도보어 뒤에 어기조사 '了'가 동반됩니다.
3. 이러한 정도보어는 보통 형용사 뒤 혹은 심리 활동을 나타내는 동사 술어 뒤에 쓰입니다.

2 그 밖에 회화에서 많이 쓰이는 정도보어 구문

· 她打扮得多么可爱。 Tā dǎban de duōme kěài.

· 他写得又快又好。 Tā xiě de yòu kuài yòu hǎo.

· 这个比那个好得多。 Zhè ge bǐ nà ge hǎo de duō.

· 他讲得有道理。 Tā jiǎng de yǒu dàolǐ.

· 我冻得头疼。 Wǒ dòng de tóuténg.

· 汉语难得很。 Hànyǔ nán de hěn.

· 心里闷得慌。 Xīnli mèn de huāng.

3 형용사 부사어와 형용사 정도보어

① 형용사 부사어

형용사가 부사어로 쓰이면 동작 진행의 상태나 방식을 나타냅니다.

· 快走! Kuài zǒu!

· 他非常仔细地看了一遍。 Tā fēicháng zǐxì de kàn le yí biàn.

② 형용사 정도보어

형용사가 정도보어로 쓰이면 동작이나 상태가 어느 정도(수준)에 이름을 나타냅니다.

· 他走得很快。 Tā zǒu de hěn kuài.

· 她看得很仔细。 Tā kàn de hěn zǐxì.

4 수량사의 중첩

① 부사어로 쓰여, 동작의 방식을 설명합니다.

· 天气一天一天地暖和起来了。 Tiānqì yì tiān yì tiān de nuǎnhuoqǐlái le.

· 自行车一辆一辆地修好了。 Zìxíngchē yí liàng yí liàng de xiūhǎo le.

② 관형어로 쓰여 '나열'을 표현합니다.

· 一件一件的新衣服都丢了。 Yí jiàn yí jiàn de xīn yīfu dōu diū le.

· 一个一个的问题都解决了。 Yí ge yí ge de wèntí dōu jiějué le.

恨透 hèn tòu 몹시 원망하다 | 风景 fēngjǐng 풍경 | 打扮 dǎban ❶ 분장하다 ❷ 치장하다 | 道理 dàolǐ 도리 | 闷 mèn 마음이 편치 않다 | 慌 huāng 당황하다, 어찌할 줄 모르다 | 丢 diū 잃어버리다

Track 27

녹음을 잘 듣고 맞는 그림을 찾아 보세요.

1 Ⓐ [   ]   Ⓑ [   ]

A   B 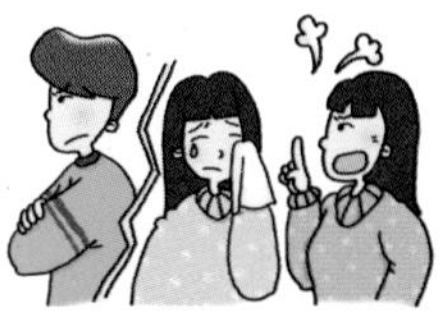   C 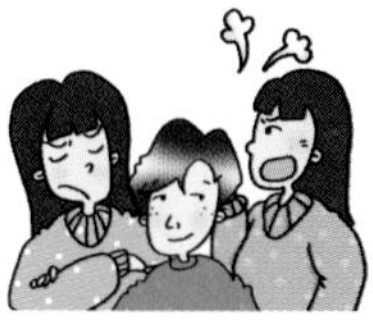   D

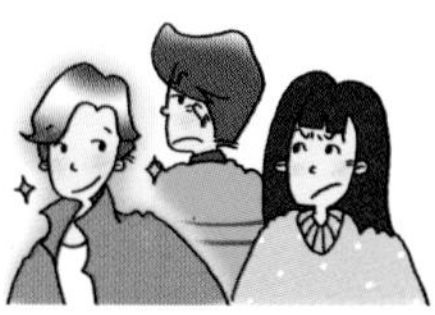

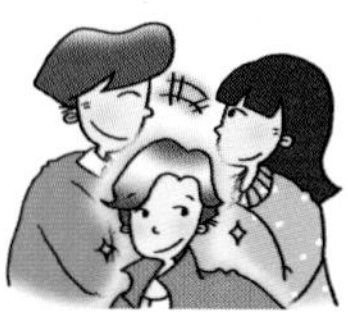

2 Ⓐ [   ]   Ⓑ [   ]

A   B 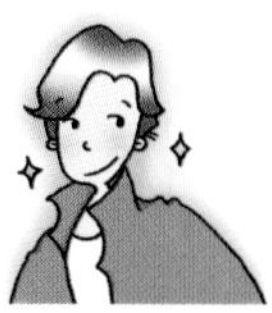   C 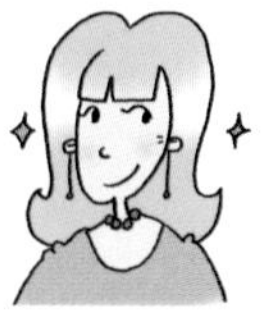   D

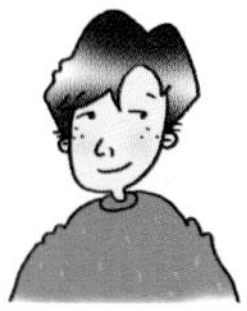

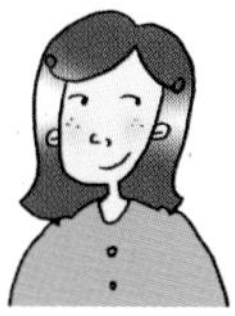

3 Ⓐ [   ]   Ⓑ [   ]

A   B 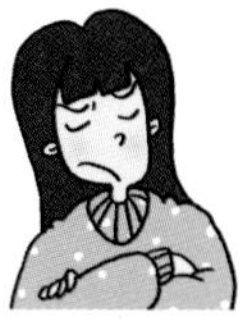   C 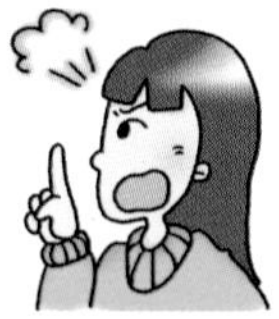   D

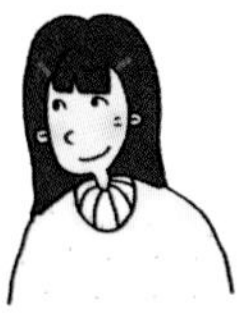

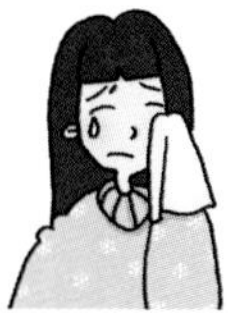

4 Ⓐ [   ]   Ⓑ [   ]

A   B 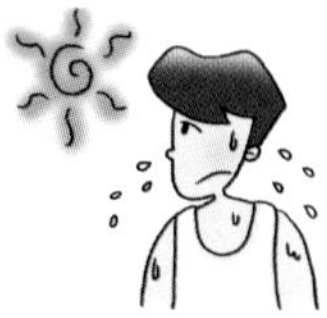   C 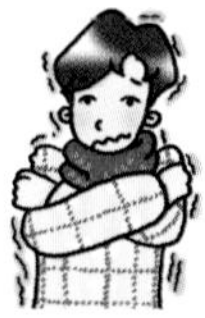   D

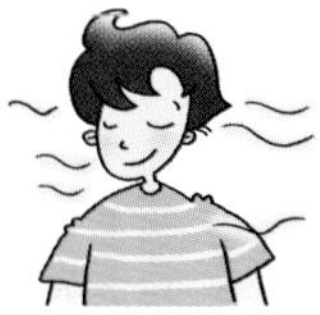

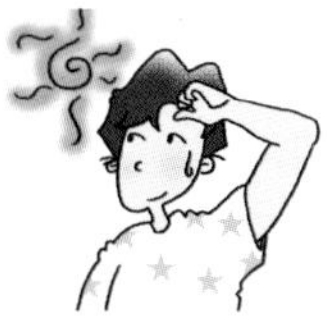

빈칸에 맞는 단어를 정도보어 得를 이용해 채우고 대화를 읽어 보세요.

(1)

Ⓐ 你怎么了?

Ⓑ 哎呀! 화나 죽겠어 。

(2)

Ⓐ 今天 날씨 怎么样?

Ⓑ 今天 더워 죽을 지경이야 。

(3)

Ⓐ 你看见我那么 기뻐하다 吗?

Ⓑ 我看见你高兴得 매우 심하다 。

(4)

Ⓐ 오늘 내가 한턱 쏠게 。

Ⓑ 你请客? 아이, 좋아 。

단어

气死 qì sǐ 화가 나서 (분에 못 이겨) 죽다 | 要命 yàomìng 심하다, 죽을 지경이다 | 高兴 gāoxìng 기뻐하다 | 请客 qǐng kè (손님을) 초대하다, 한턱내다 | 好极了 hǎojíle 대단하다, 좋다

다음 단어의 맞는 자리를 찾아 주세요.

(1) 得

你 A 这个 B 人 C 坏 D 很

(2) 得

她 A 打扮 B 多 C 么 D 漂亮

(3) 不

好 A 得 B 能 C 再 D 好了

(4) 得

A 今天 B 热 C 要 D 命

문장을 해석하고, 문장에서 틀린 부분을 찾아 바르게 고치세요.

(5) 哎呀! 气得死我了。

해석:

(6) 今天我累不行了。

해석:

(7) 她走很快。

해석:

(8) 快得饿死, 给我点儿吃的, 好吗?

해석:

HSK 写作

다음을 중국어로 써 보세요.

1 그녀는 자세히 봅니다. (仔细)

2 이 곳의 풍경은 정말 아름답습니다. (风景)

3 그 사람은 글씨를 빨리 쓰면서 잘 씁니다. (又…又)

4 중국어는 정말 어려워.

5 날씨가 날이 갈수록 따뜻해졌습니다.

6 네가 한턱 쏜다고? 아이, 좋아라 !

7 그 사람 너무 멋져요. (帅呆了)

8 그는 화가 나서 어쩔 줄 몰라 합니다.

단어

仔细 zǐxì 자세하다 | 风景 fēngjǐng 풍경 | 又…又 yòu… yòu ~하는 동시에 ~하다 | 帅呆了 shuàidāi le 잘생기다

음식점

"欢迎光临。" "어서 오세요."
"Huānyíng guānglín"

菜单 메뉴판
càidān

点菜 음식을 주문하다
diǎncài

下馆子 외식하다
xià guǎnzi

服务员 점원
fúwùyuán

AA制 더치페이
AAzhì

预约 예약하다
yùyuē

付钱 돈을 지불하다
fùqián

你请我喝酒吧。

술 사시죠.

학습목표

1 앞 동사의 목적어(宾语)가 동시에 뒤 동사의 동작 주체가 되는 문장을 겸어문(兼语句)라고 하는데, 이 겸어문에 대해 살펴봅니다.

2 겸어문(兼语句)과 연동문(连动句)의 차이에 대해 알아봅니다.

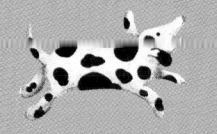

기본호호

01

A : 今天你请我吃饭。
Jīntiān nǐ qǐng wǒ chīfàn?

B : 想得美！
Xiǎng de měi!

02

A : 妈，您为什么不让我跟她结婚？
Mā, nín wèishénme bú ràng wǒ gēn tā jiéhūn?

B : 儿子，我们两家门不当户不对的。
Érzi, wǒmen liǎng jiā mén bù dāng hù bú duì de.

03

A : 小王，老总叫你过去呢。
XiǎoWáng, lǎozǒng jiào nǐ guòqù ne.

B : 好的。我马上就去。
Hǎo de. Wǒ mǎshàng jiù qù.

04

A : 你有外国朋友吗？
Nǐ yǒu wàiguó péngyou ma?

B : 我有个朋友是日本人。
Wǒ yǒu ge péngyou shì Rìběnrén.

단어

请 qǐng 초대하다, 한턱내다 | 想得美 xiǎng de měi 꿈도 야무져요 | 为什么 wèishénme 왜 | 让 ràng ~로 하여금, ~하게 하다 | 跟 gēn ~와 | 结婚 jiéhūn 결혼하다 | 家 jiā ❶ 집 ❷ 집안 | 门当户对 mén dāng hù duì 두 집안이 잘 맞다 | 老总 lǎozǒng 사장님 | 叫 jiào ❶ ~로 하여금 ~~하게 하다 ❷ 부르다 | 过去 guòqù 건너 가다 | 马上 mǎshàng 바로, 금방 | 就 jiù 바로

88

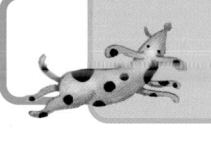

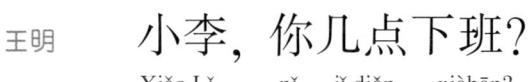
상황 회화

▶▶ 기분이 우울한 王明이 李珉에게 술 한 잔 하자고 전화를 합니다. 퇴근 후의 술 한 잔. 직장인들에겐 가뭄에 단비 같은 맛이 아닐까요?

王明　**小李，你几点下班？**
Xiǎo Lǐ,　nǐ　jǐ diǎn　xiàbān?

李珉　**我呀，六点半左右，什么事儿？**
Wǒ ya,　liù diǎn bàn zuǒyòu,　shénme　shìr?

王明　**今天我心情不好，想喝酒。**
Jīntiān wǒ　xīnqíng　bù hǎo,　xiǎng hē jiǔ.

李珉　**想喝酒了？我请你喝酒吧。**
Xiǎng hē jiǔ　le?　Wǒ qǐng nǐ hē jiǔ ba.

王明　**我们在哪儿见面？**
Wǒmen zài　nǎr　jiànmiàn?

李珉　**咱们在老地方见，好吗？**
Zánmen zài　lǎodìfang　jiàn,　hǎo ma?

王明　**可以。那我直接去那儿吧。**
Kěyǐ.　Nà wǒ zhíjiē　qù　nàr　ba.

李珉　**叫小金一起去吗？**
Jiào Xiǎo Jīn　yìqǐ　qù ma?

王明　**行，让她过来吧。**
Xíng,　ràng tā　guòlái ba.

李珉　**好的。一会儿见！**
Hǎo de.　Yíhuìr　jiàn!

단어

下班 xiàbān 퇴근하다 | 呀 ya ~말이야(문장 중간에서 잠시 멈출 때 쓰는 어기조사) | 左右 zuǒyòu 가량, 쯤 | 心情 xīnqíng 기분 | 请 qǐng ❶ 초대하다 ❷ 요청하다 | 咱们 zánmen 우리 | 老地方 lǎodìfang 늘 가는 곳 | 直接 zhíjiē 직접 | 叫 jiào ~를 ~하게 하다 | 行 xíng 괜찮다, 좋다 | 让 ràng ~로 하여금 ~하게 하다 | 过来 guòlái 건너오다 | 一会儿 yíhuìr 삼깐 동안

어법배우기

1 겸어문 (兼语句)

겸어문이란? 동사 술어문의 일종으로 앞 동사의 목적어가 동시에 뒤 동사의 '동작 주체'가 되는 문장을 말합니다. 겸어문의 앞 동사는 주로 사역의 의미를 갖습니다. 이러한 동사에는 '请', '让', '叫', '使', '有' 등이 있습니다.

[기본 문형]

① 请- '초청하다', '초대하다'

· 今天我请你吃饭。 Jīntiān wǒ qǐng nǐ chīfàn.

· 我想请你做我的辅导老师。 Wǒ xiǎng qǐng nǐ zuò wǒ de fǔdǎo lǎoshī.

② 让- '시키다', '허락하다'

· 韩老师让你马上去。 Hán lǎoshī ràng nǐ mǎshàng qù.

· 你想让我怎么办。 Nǐ xiǎng ràng wǒ zěnme bàn?

③ 叫- '~에게 ~하게 하다(시키다)'

· 你去叫你哥哥来这儿吧。 Nǐ qù jiào nǐ gēge lái zhèr ba.

· 老总常常叫我去机场接客人。
Lǎozǒng chángchang jiào wǒ qù jīchǎng jiē kèrén.

④ 使- '~로 하여금 ~하게 하다' 로 주로 서면어에 많이 쓰입니다.

· 这件事使他们俩分手了。 Zhè jiàn shì shǐ tāmen liǎ fēnshǒu le.

· 今天的参观使我们很高兴。
Jīntiān de cānguān shǐ wǒmen hěn gāoxìng.

⑤ 有- 뒤 동사는 '有'의 목적어가 '무엇을 하는지', '어떠한지' 를 나타냅니다.

· 我有个朋友是外国人。
Wǒ yǒu ge péngyou shì wàiguórén.

· 房间里有人睡觉。 Fángjiān li yǒu rén shuìjiào.

· 有一个人叫张青。 Yǒu yí ge rén jiào Zhāng Qīng.

2 겸어문의 부정형

① 겸어문의 부정형에는 부정 부사 '不', '没'를 쓸 수 있습니다. 이러한 부정 부사는 첫째 동사 술어 앞에 놓습니다.

· 我没请他喝酒。　Wǒ méi qǐng tā hē jiǔ.

· 妈妈不让我跟他结婚。　Māma bú ràng wǒ gēn tā jiéhūn.

· 他不想叫小李过来。　Tā bù xiǎng jiào XiǎoLǐ guòlái.

② '别', '不要'를 써서 겸어문을 부정할 때는 보통 둘째 술어 앞에 놓습니다.

· 没事儿，请你别难过了。　Méi shìr, qǐng nǐ bié nánguò le.

· 你叫小金不要去机场了吧。　Nǐ jiào XiǎoJīn bú yào qù jīchǎng le ba.

3 겸어문의 의문형

A : 爸爸叫你做什么呀？　Bàba jiào nǐ zuò shénme ya?

B : 他叫我学习汉语。　Tā jiào wǒ xuéxí Hànyǔ.

A : 你让我怎么办？　Nǐ ràng wǒ zěnme bàn?

B : 我也不知道。　Wǒ yě bù zhīdào.

단어

辅导 fǔdǎo (학습·훈련 등을) 도우며 지도하다 | 俩 liǎ 두 개, 두 사람 | 参观 cānguān 참관(하다), 견학(하다) | 难过 nánguò ❶ 고생스럽다 ❷ 괴롭다 | 机场 jīchǎng 공항

HSK 听力

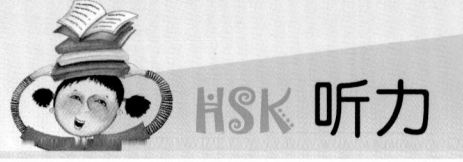

Track 31

녹음을 잘 듣고 맞는 그림을 찾아 보세요.

1 Ⓐ ________ Ⓑ ________

A

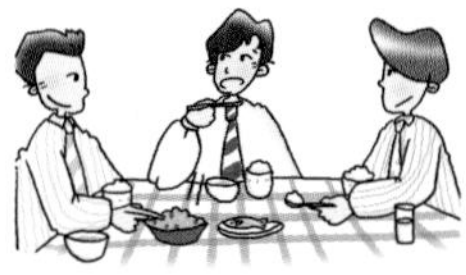

B

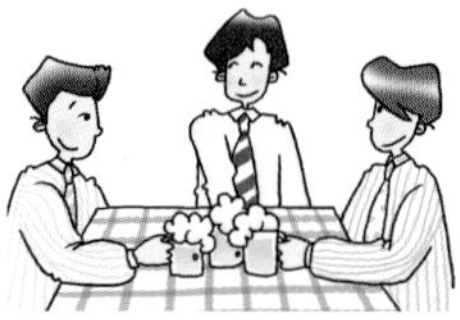

C

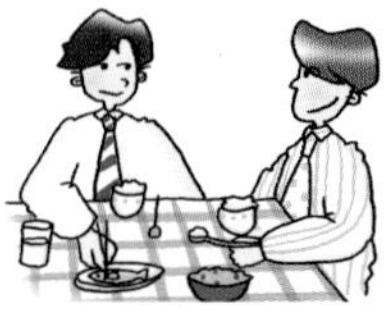

D

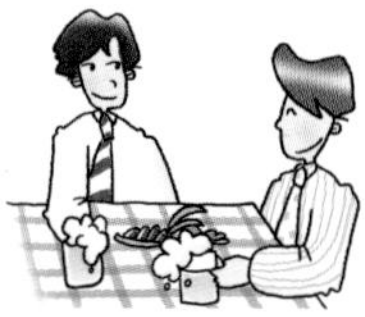

2 Ⓐ ________ Ⓑ ________

A

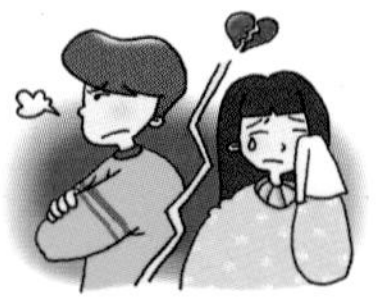

B

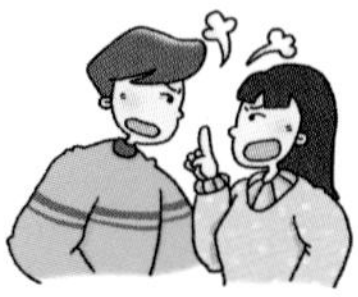

C

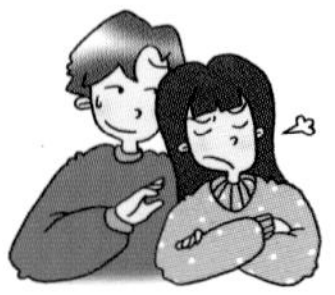

D

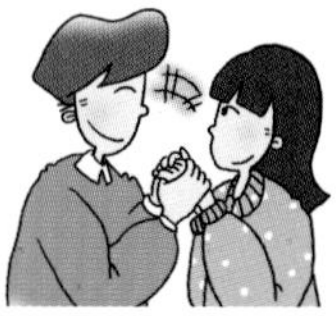

3 Ⓐ ________ Ⓑ ________

A

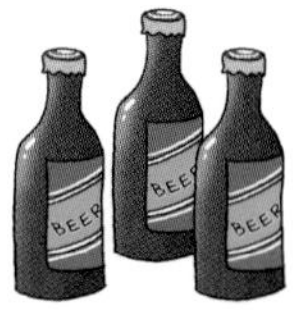

B

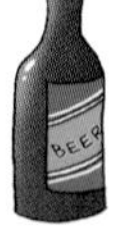

C

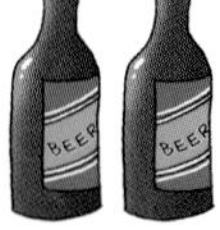

D

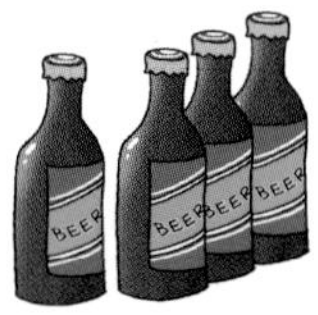

4 Ⓐ ________ Ⓑ ________

A

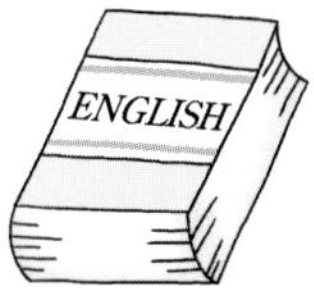

B

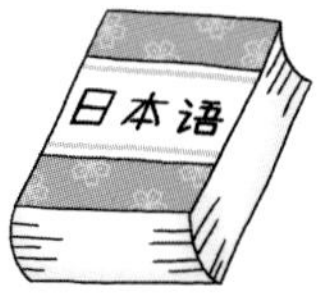

C

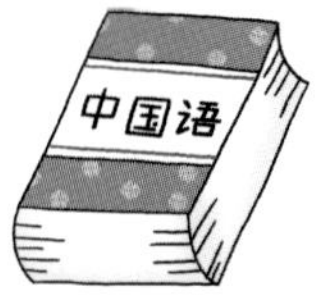

D

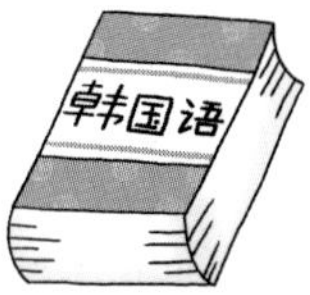

빈칸에 맞는 겸어문을 이용해 단어를 채우고 대화를 읽어 보세요.

(1)

Ⓐ 你妈妈 시키다 你去买什么?
Ⓑ 我妈妈 시키다 我去买 포도 。

(2)

Ⓐ 你想 초대하다 李珉干什么呢?
Ⓑ 我想 초대하다 李珉 밥 먹다 。

(3)

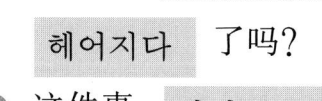

Ⓐ 这件事 하여금~하게 하다 他们俩
헤어지다 了吗?
Ⓑ 这件事 하여금~하게 하다 他们俩
헤어지다 了。

(4)

Ⓐ 韩老师 시키다 你做什么?
Ⓑ 韩老师 시키다 我 책 읽다 。

단어

葡萄 pútáo 포도 | 俩 liǎ 두 개, 두 사람 | 分手 fēnshǒu 헤어지다

다음 단어의 맞는 자리를 찾아주세요.

(1) 叫
　　老总　　A　你　　B　过　　C　去　　D　呢

(2) 让
　　韩老师　　A　你　　B　马　　C　上　　D　去

(3) 使
　　今天　　A　的　　B　参加　　C　我们　　D　很高兴

(4) 请
　　没事儿，A　你　　B　别　　C　难过　　D　了

문장을 해석하고, 문장에서 틀린 부분을 찾아 바르게 고치세요.

(5) 他想不叫小李过来。

> 해석:

(6) 我妈妈让不我跟她结婚。

> 해석:

(7) 你叫他去不要那儿了吧。

> 해석:

(8) 我想他参加明天的篮球赛。

> 해석:

다음을 중국어로 써 보세요.

1 누가 너보고 가지 말래 ?

2 내 친구 중의 하나가 중국인이야.

3 우리 언니는 나한테 잡지책을 한 권 사 오라고 했어.

4 오늘 나는 너희들에게 밥을 사 주지 않을 거야.

5 오늘 밤에 내가 술 한잔 살게.   (杯)

6 그 사람한테 가서 밥 먹으러 오라고 해요.

7 이 일이 그 둘을 헤어지게 만들었습니다.

8 엄마가 너한테 뭐 하라고 하셨는데?

杂志 zázhì 잡지 │ 杯 bēi 잔

둔황의 먹거리

둔황의 음식은 향도 짙고 느끼할 거라는 생각이 들지만, 사실은 그렇지 않다. 둔황은 행정구역상 간쑤성에 속해 있지만, 실제로 신장위구르자치구에 가깝기 때문에 음식 역시 신장의 것이 많다. 둔황 사람들은 양고기, 닭고기, 소고기를 좋아하고 특히 국수를 잘 먹는다. 둔황 음식의 또 다른 특징은 쓰촨 요리가 많다는 것인데, 특히 밤만 되면 거리 곳곳에서 대표적인 쓰촨 음식을 파는 노점이 생긴다. 우리 입맛에는 맞지 않는 것이 많지만 한 번쯤은 맛볼 만하다.

둔황냥피쯔 (敦惶釀皮子, 돈황양피자) ● 둔황황미엔 (敦惶黃面, 돈황황면)

둔황냥피쯔는 노랗거나 흰색에 매운맛이 나고 시원하며, 둔황황미엔은 노란 국수발이 황금실처럼 가늘고 맛이 좋아 백 번을 먹어도 싫증나지 않는다.

싱피쉐이 (杏皮水, 행피수)

싱피쉐이는 위에야취안(月牙泉)을 대표하는 시원한 음료수이다. 치롄산(祁連山)의 눈이 녹은 물로 둔황에서 나는 크고 단 살구 껍질을 끓여 만든 살구차이다. 시원하고 달아서 특히 더위에 좋은 음료이다.

샤허(夏河, 하하) 힘줄요리

샤허의 힘줄요리도 둔황을 대표할 수 있는 음식이다. 샤허는 란저우에서 280km 떨어진 곳의 칭짱고원 기슭에 위치해 있다. 황허의 지류인 다샤허(大夏河)가 이곳을 흘러 지난다고 하여 샤허라는 이름을 가졌다. 샤허 힘줄요리는 양고기 힘줄로 만든 요리인데 만드는 법이 아주 복잡하다. 먼저 양고기 힘줄을 찬물에 하룻밤 동안 담가 두었다가 물에 삶아서 익힌다. 기다가 파, 생강, 약주 등을 넣어 비린맛을 없애고 다시 건조시킨다. 그리고 나서 기름을 두른 가마에 넣어 노랗게 될 때까지 굽다가 닭국물을 넣고 마무리를 한다. 이 요리의 맛은 부드럽고 찰지다.

꼬치구이

해 질 무렵부터 시작되는 사저우(沙州) 시장의 하이라이트는 이슬람식 각종 꼬치구이다. 재료는 주로 양과 닭이며 한두 군데에서는 물고기도 석쇠에 구워 준다. 멀지 않는 곳의 밍산루 입구에 위치한 작은 공원에서도 꼬치와 생맥주를 팔고 있고, 자유시장으로 내려오면 양쪽에 늘어선 간이 탁자에서 분식과 간식을 먹을 수 있다.

니우러우미엔 (牛肉面, 우육면)

밀이 주식이라 밍산루 먹자거리에서는 각종 분식을 싼 가격으로 배불리 먹을 수 있고, 란조우의 명물 니우러우미엔도 약간은 매콤한 맛으로 즐길 수 있다. 가게마다 약간씩 다르기는 하나 면 자체가 아주 쫄깃쫄깃하고 국물도 시원하다.

사저우 스창 (沙州市场, 사주 시장)

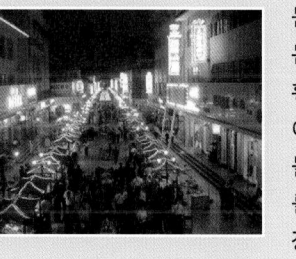

둔황의 동쪽 둔황박물관 맞은편 골목으로 들어가면 많은 사람들로 북적대는 사저우(沙州) 시장이 나온다. 이곳에는 항상 사람들이 붐비는데, 옛 둔황이 실크로드의 중계 지역으로서 왕성한 활동지였던 흔적이 남아 있는 곳이어서 활기가 넘친다. 특히 음식점이 아침부터 밤늦게까지 다양한 음식을 늘어놓고 파는 먹자거리로 유명한데, 이곳을 이용하는 사람들에게 먹거리를 제공해 주는 곳이다. 실크로드에서 만날 수 있는 음식들이 총 집합하는 장소로서 이 지방의 독특한 요리들을 맛볼 수 있다.

둔황의 기념품

기념품을 살 만한 곳으로는 시내의 쇼핑센터나 시장 등이 있다. 둔황의 기념품 가게에서는 수정이나 장신구, 옥으로 만든 흰 낙타, 카펫, 모가오쿠 벽화의 복제품, 야광배, 전통 방식으로 염색한 옷감 등을 살 수 있다. 특히 반투명한 옥을 깎아서 만든 술잔인 야광배는 이 시장 동쪽에 있는 야광배 공장 직판장에서 사는 것이 품질면에서 믿을 만하다.

▶ 야광배

Happy Chinese
최고를 향해 한 발 한 발 나아가는 절대커리큘럼

중국어교실 시리즈

| 종합 | 회화 |

초급

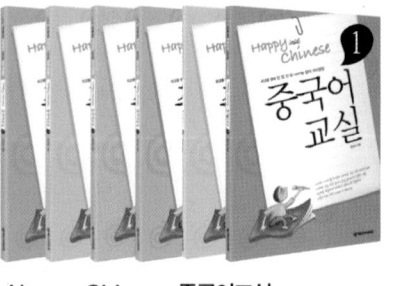

Happy Chinese 중국어교실
초급 1~6
각권 1개월씩 총 6개월 과정

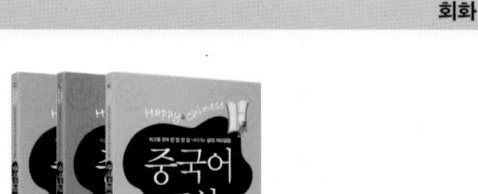

Happy Chinese 중국어교실
초급 上·中·下(초급1~6의 합본)
각권 2개월씩 총 6개월 과정

Happy Chinese 중국어교실
회화편 초급 2개월 과정

중급

Happy Chinese 중국어교실
중급 1~4
각권 1개월씩 총 4개월 과정

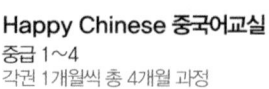

Happy Chinese 중국어교실
중급 上·下(중급1~4의 합본)
각권 2개월씩 총 4개월 과정

Happy Chinese 중국어교실
회화편 중급 2개월 과정

고급

Happy Chinese 중국어교실
고급 1~2
각권 1개월씩 총 2개월 과정